세계의 초등학교

초판 1쇄 발행 2019년 3월 15일
초판 5쇄 발행 2020년 9월 25일
글 에스텔 비다르 | 그림 마얄렌 구스트 | 옮김 김주경
발행인 금교돈 | 편집장 문주선 | 책임 편집 김세리 | 편집 진행 한수화 | 디자인 배혜진 | 마케팅 이종응, 김민정
발행 이마주 | 주소 서울시 중구 세종대로 21길 30
등록 2014년 5월 12일 제301-2014-073호
내용 문의 02-724-7855 | 구입 문의 02-724-7851
블로그 http://blog.naver.com/imazu7850 | 이메일 imazu7850@naver.com
제조국명 대한민국 | 사용연령 8세 이상 | 주의사항 날카로운 책장이나 모서리에 주의하세요
ISBN 979-11-89044-14-5 73370

Ecoles du monde by Estelle Vidard & Mayalen Goust © Flammarion 2011
All Rights Reserved Korean translation © 2019 by IMAZU
Korean translation rights arranged with Flammarion through Orange Agency

이 책의 한국어판 저작권은 오렌지 에이전시를 통해 저작권자와 독점계약한 이마주에 있습니다.
저작권법에 의해 한국 내에서 보호를 받는 저작물이므로 무단 전재와 복제를 금합니다.
잘못된 책은 구입하신 곳에서 바꾸어 드립니다.

지구촌 친구들이 들려주는 학교 이야기

세계의 초등학교

글 에스텔 비다르 | 그림 마얄렝 구스트 | 옮김 김주경

이마주

| 차례 |

추천사   6
책 속 지구촌 친구들이 사는 나라   8

PART 01 다름을 인정하고 평화를 배워요

이스라엘
두 가지 언어로 수업을 해요   12

남아프리카공화국
백인과 흑인이 함께 수업을 받아요   20

학교에 갈 수 있어 행복해요 PART 02

알제리
토요일에 시작하는 학교   30

케냐
학교까지 걸어서 두 시간   38

멕시코
아침 체조로 시작하는 하루   46

아프가니스탄
이제 여자도 학교에 가요   54

PART 03 직접 체험하고 자신감을 길러요

 영국
모든 책이 교과서예요   64

 핀란드
시험이 없어 행복해요   72

별별 학교, 신기한 교실에서 공부해요

PART 04

 오스트레일리아
야외 수업은 맹그로브 숲에서!   82

 볼리비아
아마존 숲이 운동장이에요   90

 슬로바키아
입에서 입으로 전해져요   98

PART 05 다양한 과목을 배우고 예술 활동을 즐겨요

 인도
다양한 예술 활동을 즐겨요   108

 미국
내 생각을 잘 말하는 것이 중요해요   116

 중국
붓글씨로 글자를 익혀요   124

| 추천사 |

학교는 그 자체로
평화의 상징입니다

　1989년 채택된 유엔아동권리협약은 모든 아동이 초등학교 교육을 무료로 받을 수 있어야 한다고 명시하고 있습니다. 또한 아동이 받는 교육은 자신의 문화와 다른 문화를 이해하고 존중하는 자세와 평화의 정신에 입각해야 한다고 밝히고 있지요.

　아이들은 초등학교에서 단순히 공부만 하는 것이 아니라 우리 사회와 세상을 보는 눈을 배우고 친구들과의 관계를 통해 사람들과 소통하는 법을 배웁니다. 이 모든 과정은 아이들이 건강한 사람으로 성장하기 위한 디딤돌이 되지요. 그래서 초등학교 교육의 내용과 질은 그 나라의 수준을 짐작하게 하는 하나의 지표가 되기도 합니다.

　각국의 문화와 역사, 처한 상황이 저마다 다르듯, 세계 여러 나라의 초등학교는 각기 다른 모습을 가지고 있습니다. 그리고 그 학교 안에는 저마다의 꿈을 안고 열심히 삶과 세상을 배워 가는 아이들이 있습니다. 두 시간을 걸어서라도 학교에 나가는 케냐의 초등학생들과 끊이지 않는 무력 분쟁의 위협 속에서도 꿋꿋이 학교에 다니고 있는 아프가니스탄의 여자아이들, 정규 교육 속에서도 고유한 집시 문화를 이어 가기 위해 노력하는 슬로바키아 로마니들을 보면 아이들에게 '배움'이란 어떤 의미인지 새삼 깨닫게 됩니다.

여전히 수천만 명의 아이들이 가난 때문에, 전쟁 때문에, 여자아이라서 학교에 다니지 못하고 있지만 언젠가는 이 세상 모든 아이들이 양질의 교육을 평등하게 받을 수 있는 날이 올 거라 우리는 믿고 있습니다. 그리고 그날은 바로 전 세계에 평화가 찾아오는 날이 될 것입니다. 이스라엘 평화의 학교는 유대인과 아랍인의 싸움을 멈추게 했고, 남아프리카공화국의 초등학교는 아이들의 머릿속에서 '인종 차별'이라는 단어를 지워 나가고 있습니다. 아이들이 어떤 어려움이나 두려움 없이 즐겁게 공부하는 '학교'라는 공간은 그 자체로 평화의 상징임을 세이브더칠드런도 전 세계 곳곳의 분쟁 지역에서 교육 사업을 펼치며 두 눈으로 확인했습니다.

《세계의 초등학교》를 통해 우리 아이들이 세계의 다양한 초등학교와 친구들을 살펴보면서 그 속에 스민 문화와 가치를 함께 느끼고 이해할 수 있게 되길 바랍니다. 또한 이 책은 어른들에게도 아동 누구나 차별 없이 누려야 할 '교육권'의 가치와 가장 좋은 교육은 과연 무엇일지에 대해 생각해 보게 하는 좋은 계기가 될 것이라 생각합니다.

Save the Children 전 사무총장 김미셸

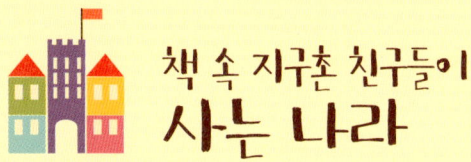

책 속 지구촌 친구들이 사는 나라

북아메리카

미국

멕시코

영국

알제리

볼리비아

남아메리카

PART 01

다름을 인정하고 평화를 배워요

지구촌에는 여러 민족으로 이루어진 나라가 참 많아요.
조화를 이루며 평화롭게 사는 나라도 있지만 갈등을 겪는 나라도 있어요.
그런데 서로 미워하고 다투던 사람들이 서로를 이해하려는 노력을 시작했어요.
이스라엘 초등학생 노암과 남아프리카공화국 초등학생인 줄리는
생김새도 다르고 언어도 다른 친구들과 어떤 학교생활을 하고 있을까요?

이스라엘
두 가지 언어로 수업을 해요

🎵 초등학교 4학년
노암

아침이면 학교 버스가 노암을 데리러 집 근처로 와요. 학교 수업은 오전 8시부터 낮 12시 45분까지예요. 학교에 도착한 노암은 복도에 있는 사물함에서 책과 공책을 꺼내 교실로 들어가요.

"선생님, 안녕하세요?"

노암은 자신과 얼굴이 비슷하게 생긴 선생님께 인사를 해요.

"앗살라무 알라이쿰(*아랍어로 '당신에게 평화를 빕니다'라는 뜻으로, 인사 대신 사용하기도 해요)!"

노암은 교실에 계신 또 한 분의 선생님께 인사를 해요.

한 교실에 두 분의 선생님이 계시지요. 한 분은 노암과 같은 이스라엘

사람이고 히브리어로 수업을 해요. 또 한 분의 선생님은 팔레스타인 사람이고 아랍어로 수업을 하지요. 모든 수업을 두 선생님이 함께 진행해요. 학생들도 이스라엘 학생과 팔레스타인 학생이 섞여 있어요. 학생들은 같은 내용을 히브리어와 아랍어 두 가지로 듣다 보니 자연스럽게 두 가지 언어를 익히게 돼요.

노암의 짝꿍인 나엘은 팔레스타인 사람이에요. 노암은 나엘과 이야기할 때는 아랍어를 쓰려고 애써요.

하나밖에 없는 마을

이스라엘의 예루살렘과 텔아비브라는 두 도시의 중간쯤에 높은 언덕이 있어요. 이 언덕 위에 작은 공동체 마을이 있는데, 60여 가구의 유대인 가족과 아랍인 가족이 모여 살고 있어요.

이 마을의 이름은 두 개예요. 아랍어로는 '와하트 알 살람', 히브리어로는 '네베 샬롬'이라고 부르는데, 모두 '평화의 오아시스'라는 뜻이에요.

이스라엘은 유대교를 믿는 유대인이 세운 국가인데, 이슬람교를 믿는 아랍인이 세운 국가인 팔레스타인과 영토 분쟁을 하며 오랫동안 싸우고 있어요.

종교도 다르고 언어도 다르며 영토 분쟁까지 하고 있는 두 민족이 싸우지 않고 평화롭게 어울려 지내는 곳은 이스라엘에서 이 마을밖에 없어요. 그래서 마을 이름을 평화의 오아시스라고 지었어요.

- 국가 : 이스라엘
- 수도 : 예루살렘
- 지역 : 아시아
- 공식 언어 : 히브리어, 아랍어
- 인구 대비 어린이 비율 : 27.9%
- 초등학교 취학률 : 97%

무지개 아치를 지나

평화의 오아시스 마을 한가운데에 '평화의 학교'라는 이름을 가진 초등학교가 있어요. 평화의 학교에는 이 마을에 사는 아이들과 이웃 마을의 아이들까지 약 300여 명이 다니고 있어요.

학교 입구에는 이 학교를 상징하는 무지개 모양 아치가 있어요. 무지개는 비가 오거나 번개가 치는 궂은 날씨 뒤에 하늘에 나타나요. 그래서 다툼 뒤에 평화가 찾아오리라는 희망을 뜻해요. 또 일곱 개의 다른 색들이 모여 아름답게 빛나는 것처럼 조화를 이룬다는 뜻도 담겨 있어요. 노암은 아침마다 이 아치 밑을 지나서 학교로 들어가요.

노암은 유대인들만 다니는 유치원을 다니다가 평화의 학교에 처음 왔을 때 깜짝

놀랐어요. 유대인과 아랍인은 절대로 함께할 수 없다는 말을 들으며 자랐는데 이곳은 달랐거든요. 노암의 부모님은 유대인 아이들과 아랍인 아이들이 어울려 살면서 서로 이해하고 존중하는 법을 배워야 진정한 평화가 온다고 믿고 있어요.

노암은 아랍인 학생들과 함께 지내면서 새로운 사실을 깨달았어요. 피부색이 다르고 언어와 종교가 다르다고 해서 서로를 미워해서는 안 된다는 사실을요!

꼭 알아 둘 상식

왜 서로를 미워할까?

1947년 10월, 유엔이 팔레스타인 땅을 아랍 지구와 유대 지구로 분할하는 결의안을 채택했어요. 약 2천년 동안 각지를 떠돌던 유대인들이 팔레스타인으로 모여들어 이스라엘 국가를 건국했지요. 그 뒤 네 번에 걸친 중동 전쟁으로 이스라엘이 팔레스타인 땅의 대부분을 차지하게 되자, 이곳에 살던 팔레스타인 사람들은 난민이 되고 말았어요. 이스라엘과 팔레스타인 해방 기구는 몇 번의 평화 협정을 맺었지만, 합의 내용이 제대로 행해지지 않아 아직도 분쟁이 계속되고 있어요.

친구가 될 수 있을까?

유대인 아이들과 아랍인 아이들은 친구가 되기 쉽지 않아요. 그래서 학교에서는 토론하는 시간을 자주 가져요. 친구들끼리 토론을 하면서 서로 무엇이 다르고 왜 다른지를

▲ 두 명의 선생님
유대인 선생님과 아랍인 선생님이 한 반에서 함께 수업을 해요.

알면, 다른 점을 인정하고 받아들일 수 있기 때문이에요.

　노암은 유대인 어른들과 아랍인 어른들이 서로 싸우는 것을 볼 때마다, 자신과 나엘도 어른이 되면 서로를 미워하게 될까 봐 걱정이에요. 노암은 그런 일은 절대 없을 거라고 생각해요. 노암이 어른이 될 때쯤에는 더 이상 전쟁도 없고, 아랍인과 유대인이 함께 어울려 살 수 있을 거라고 믿고 있어요.

손꼽아 기다리는 금요일

노암은 학교에서 히브리어, 아랍어, 영어, 과학, 종교 과목을 공부해요. 노암의 학교에서는 모든 학생들이 유대교의 축일과 이슬람교의 축일을 함께 축하해요.

노암은 금요일을 가장 좋아해요. 이날은 다른 공부는 하지 않고 다양한 운동을 하거나 그림 그리기, 악기 연주 등을 하는 날이거든요. 언어가 다른 친구들과 토론하기가 쉽지 않을 때가 있지만 함께 운동을 하거나 여러 악기로 합주를 하다 보면 말을 하지 않더라도 서로를 잘 이해하게 돼요.

난민 수용소 안의 학교

한편, 팔레스타인 난민 수용소에는 고향으로 돌아가지 못한 팔레스타인 사람들이 생활하고 있어요. 이곳에서 생활하는 아이들을 위해 학교가 생겼어요. 비록 난민 수

▲ 난민 수용소 안의 학교
팔레스타인 난민 아이들이 천막으로 만들어진 임시 학교에서 열심히 공부하고 있어요.

용소 안에 천막으로 만들어진 교실이고, 학교 물품도 턱없이 부족하지만 배움을 향한 학생들의 열기는 뜨거워요.

팔레스타인의 많은 학생들은 하루빨리 고향으로 돌아가 제대로 된 교실에서 마음껏 공부할 수 있기를 꿈꾸고 있어요.

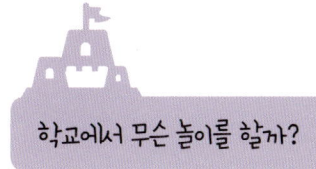
학교에서 무슨 놀이를 할까?

바르지스
주사위를 사용한 윷놀이 같아요!

✽ 놀이 방법

1. 정사각형에 직사각형의 팔이 달려 있는 십자가 모양의 놀이판이 필요하다. 직사각형 안에는 여덟 칸의 집들이 세 줄 있다. 집 가운데는 말이 피할 수 있는 피난처가 있다.

2. 사람 수에 따라 다른 색의 말 네 개씩이 필요하다.

3. 둘이나 넷이서 할 수 있고, 네 명이 할 때는 마주 보고 있는 사람끼리 한편이다.

4. 말은 중앙의 정사각형에서 출발해 자기 앞 직사각형의 가운데로 내려왔다가 시계 바늘 반대 방향으로 돈다. 네 개의 직사각형들을 모두 돈 다음, 처음에 내려왔던 길로 다시 정사각형 안으로 들어간다.

5. 주사위 숫자가 1이나 6이 나와야 놀이를 시작할 수 있고, 주사위 숫자만큼 칸을 넘어간다. 다만 1이 나오면 10개의 칸을 갈 수 있고, 1이나 6이 나오면 주사위를 다시 한 번 던질 수 있다.

6. 상대편 말이 있는 집에서 멈추면 그 말을 잡을 수 있다. 잡힌 말은 처음부터 다시 시작해야 한다.

7. 네 개의 말이 중앙에 먼저 도착하는 사람이 이기는 놀이이다.

남아프리카공화국
백인과 흑인이 함께 수업을 받아요

초등학교 3학년
줄리

"줄리, 나 도착했어."

"타보 오빠, 조금만 기다려!"

줄리는 서둘러 가방을 챙겨서 집을 나와요. 집 앞에서 타보 오빠가 줄리를 기다리고 있어요.

"오빠, 나 어제 재미있는 책을 발견했어. 다 읽고 나면 오빠한테 빌려 줄게."

"응. 고마워. 기대할게."

줄리는 타보 오빠의 손을 잡고 학교에 가요. 타보 오빠는 아프리카의 신기한 옛날이야기를 많이 알고 있어서 줄리는 학교 가는 길에 늘 재미

있는 이야기를 해 달라고 졸라요.

줄리네 집은 큰 농장을 가지고 있어요. 타보의 부모님은 줄리 집에서 정원사와 요리사로 일해요. 줄리는 아홉 살, 타보는 열 살이에요. 줄리는 백인이고 타보는 흑인이지만 두 아이에게 피부색은 중요하지 않아요. 둘은 갓난아이 때부터 남매처럼 함께 자랐어요. 하지만 둘이 20년 전에 태어났다면 지금처럼 함께 손을 잡고 학교에 다니지 못했을 거예요.

인종 차별 정책이 없어졌어요

줄리는 아프리카에 살고 있는 백인이에요. 남아프리카공화국 국민의 80%는 이 땅에서 오래전부터 살아온 흑인이에요. 나머지 20%는 백인, 혼혈인, 아시아인으로 이루어져 있어요.

줄리의 조상들은 17세기에 네덜란드에서 이곳으로 이주해 온 백인이에요. 줄리는 조상들의 역사를 자랑스러워하지 않아요. 네덜란드계 백인들 중에는 '인종 차별 정책'을 세우는 데 앞장 선 사람들이 있기 때문이에요.

남아프리카공화국에서는 1948년에 인종 차별 정책을 만들어 백인을 우대하고, 흑인을 차별하기 시작했어요. 이 정책으로 흑인들은 투표권을 잃었어요. 백인과 결혼도 할

- 국가 : 남아프리카공화국
- 수도 : 프리토리아(행정) 케이프타운(입법), 블룸폰테인(사법)
- 지역 : 아프리카
- 공식 언어 : 영어, 아프리칸스어, 줄루어
- 인구 대비 어린이 비율 : 28.9%
- 초등학교 취학률 : 86%

◀ 흑인 금지 구역 팻말
백인들만 들어올 수 있다는 내용이 담긴 팻말이에요. 흑인을 검은 개로 표시해서 흑인들에게 모멸감을 주었어요.

수 없었고, 심지어 같은 장소에 함께 있을 수도 없었어요. 버스를 타더라도 백인들은 앞자리, 흑인들은 뒷자리로 가야 했어요. 이 정책은 1990년에 폐지 선언을, 1994년에서야 완전히 폐지되었어요.

한 줄로 나란히 나란히

줄리와 타보는 '행진 대열'을 놓치지 않으려고 걸음을 빨리 해요. 행진 대열이란 아침마다 아이들이 학교까지 한 줄로 서서 걸어가는 것을 말해요. 차도를 건널 때면 맨 앞에 서 있는 학생이 깃발을 들어 올려요. 자동차 운전자들이 잘 볼 수 있게 하려는 거예요.

학생들은 오전 8시에 운동장에 모여서 줄을 서 있다가 출석을 부르고 국기를 게양한 다음 다시 줄을 맞춰서 교실로 들어가요.

이제 피부색은 상관없어!

남아프리카공화국은 폭력 사태가 많이 일어나는 나라예요. 학교 주위에는 학생들의 안전을 위해서

철조망이 세워져 있고 '무기 소지 금지'라는 팻말이 붙어 있어요.

인종 차별이 심했던 시절에는 백인이 다니는 학교와 흑인이 다니는 학교가 뚜렷하게 구별되어 있었어요. 하지만 오늘날에는 모든 아이들이 피부색에 상관없이 가고 싶은 학교에 갈 수 있게 되었어요. 줄리는 타보와 같은 학교에 다닐 수 있어서 행복해요.

하지만 등록금이 비싼 사립학교에는 여전히 부유한 백인들과 아시아인들이 많이 다녀요. 흑인 아이들 중에는 집이 가난해서 초등학교의 문턱조차 밟지 못하는 경우가 많아요.

▼ 공립학교, 사립학교
공립학교는 지방 자치 단체가 세워서 운영하는 학교를 말하고 사립학교는 학교 법인이나 공공단체가 아닌 법인, 혹은 개인이 세워서 운영하는 학교를 말해요.

날마다 같은 과목을 공부해요

줄리는 3학년이고, 학교 수업은 오후 3시까지 있어요. 줄리 반에는 40여 명의 아이들이 있고, 과학, 역사, 수학, 종교, 체육 등을 배워요. 수업은 영어로 이루어져요. 요일마다 배우는 과목이 달라지는 것이 아니라 날마다 같은 과목을 공부해요.

남아프리카공화국은 매우 다양한 민족으로 구성되어 있기 때문에 국가의 공식 언어가 여러 개예요. 이것은 여러 민족을 모두 존중하겠다는 뜻이 담겨 있어요.

남아프리카공화국 학생들은 영어 이외에 공식 언어 중에서 두 개 이상을 공부해야 돼요. 줄리네 학교에서는 아프리칸스어와 줄루어를 배워요.

아침은 든든하게, 점심은 간단하게

점심시간이 되면 타보는 학교에서 나눠 주는 식사를 받아 와요. 줄리는 타보를 위해 운동장 벤치에 자리 하나를 남겨 두었어요. 줄리는 학교 급식을 먹지 않아요. 집에서 아침을 매우 든든하게 먹기 때문이에요. 오늘 아침 줄리는 달걀과 베이컨, 오트밀, 망고 잼을 바른 빵과 오렌지 주스를 먹었어요. 그래서 점심은 집에서 가져온 사과나 샌드위치로 간단하게 먹어요. 타보는 식사가 끝나면 접시를 깨끗하게 씻어서 학교 급식소에 돌려주고 교실로 들어가요.

축구는 가장 인기 있는 스포츠!

학교 수업은 오후 3시에 끝나요. 아이들은 그때부터 운동을 해요. 줄리는 농구와 비슷한 네트볼 놀이를 해요. 타보는 축구를 해요. 축구는

남아프리카공화국의 국민 대부분이 좋아하는 스포츠예요.

실컷 뛰어 놀고 나면 줄리와 타보는 다시 만나서 함께 집으로 가요. 그리고 농장의 정원에 앉아서 꿀을 바른 튀김 과자인 쿡시스터를 먹으며 메푸흐바 놀이를 해요.

맛있는 간식 시간!

인기 간식 쿡시스터

꽈배기랑 비슷하게 생긴 쿡시스터는 기름에 튀긴 도넛을 설탕 시럽이나 꿀에 잰 간식이에요.

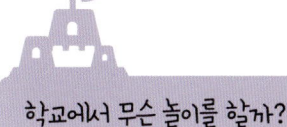

학교에서 무슨 놀이를 할까?

메푸흐바

아프리카의 민속놀이인 아왈레를 변형시킨 것으로 장기나 체스와 비슷해요!

* **놀이 방법**

1. 둘이서 하는 놀이로, 각자 여섯 개의 구멍이 있는 가로줄을 두 줄씩 만든 다음 구멍마다 씨앗을 심는다.

2. 자기 영역의 구멍 하나를 정해서 그 안에 들어 있는 씨앗을 꺼낸 다음 시계 바늘 반대 방향으로 돌아가면서 구멍마다 씨앗을 하나씩 심는다.

3. 마지막 씨앗을 심는 구멍에 씨앗이 하나라도 들어 있으면, 그 구멍 안의 씨앗을 모두 주워서 다시 거꾸로 심어 나간다. 마지막 씨앗을 빈 구멍에 심을 때까지 반복한다.

4. 마지막 씨앗이 빈 구멍에 들어가면, 그 구멍의 맞은편에 있는 상대편 씨앗들을 모두 가져온다. 상대방의 씨앗을 모두 거두는 사람이 이긴다.

5. 어떤 구멍에서 씨앗을 꺼내면 마지막 씨앗을 빈 구멍에 넣게 되는지 전략을 짜야 한다.

PART 02

학교에 갈 수 있어 행복해요

학교에 가고 싶어도 가기 어려운 지구촌 친구들이 있어요.
나라가 전쟁 중이거나 학교가 너무 멀리 있어서,
집이 가난해서 일을 하느라 학교에 가지 못하는 친구들도 있어요.
알제리, 케냐, 멕시코, 아프가니스탄 친구들의 학교 가는 길을 따라가 봐요.

알제리
토요일에 시작하는 학교

초등학교 4학년
지아드

"지아드, 아침이야. 어서 일어나!"

"엄마, 오늘 무슨 요일이에요?"

"토요일이야. 학교 안 갈 거니?"

"벌써 토요일이에요? 얼른 학교 가야지."

오늘은 토요일! 한 주가 시작되는 날이에요. 알제리는 금요일이 우리나라의 일요일처럼 쉬는 날이거든요.

'댕! 댕!'

"자, 기도 시간이야. 모두 모여라."

지아드는 가족들과 모여서 기도를 드려요. 이슬람교를 믿는 사람들은 하루에 다섯 번 기도를 하는데, 아침 식사 전에 올리는 기도가 첫 번째 기도예요. 기도가 끝나면 우유에 빵을 콕 찍어서 아침을 먹어요.

"엄마, 학교 다녀오겠습니다."

"그래. 동생 잘 데리고 갔다 와."

지아드는 초등학교 1학년인 여동생 달랄의 손을 꼭 잡고 학교로 가요. 오빠가 동생을 돌보는 건 당연한 일이니까요.

학교에 다닐 수 있어 행복해요

지아드는 학교에 다닐 수 있어서 얼마나 행복한지 몰라요. 지아드의 부모님이 어렸을 때는 돈을 내야 학교에 다닐 수 있었기 때문에 가난한 사람들은 학교에 다니지 못했어요. 알제리는 1962년에 프랑스의 식민 지배에서 벗어나 독립을 했어요. 프랑스에서 해방된 알제리는 교육을 가장 중요하게 생각했어요. 그래서 모든 아이들이 초등학교에 입학할 때부터 9년 동안 학비를 내지 않고 학교에 다닐 수 있도록 의무 교육을 시키기로 했어요. 이런 노력에도 불구하고 여전히 학교에 다니지 못하는 아이들이 100만여 명이나 돼요. 가난한 살림에 보탬이 되기 위해 일을 하느라 학교에 가지 못하는 아이들이 많기 때문이에요.

- 국가 : 알제리
- 수도 : 알제
- 지역 : 아프리카
- 공식 언어 : 아랍어, 베르베르어
- 인구 대비 어린이 비율 : 25.4%
- 초등학교 취학률 : 96%

▼ 하루 다섯 번 기도하는 알제리 사람들
알제리 국민의 99%는 이슬람교를 믿어요. 알라신을 숭배하고 경전인 코란을 읽어요. 그리고 하루에 다섯 번 신께 기도를 드려요.

공중목욕탕이 있어요

지아드는 알제리 북쪽의 '오란'이라는 도시에 살아요. 지아드는 목요일, 금요일에 학교에 가지 않아요. 목요일이면 지아드는 동생 달랄, 형 차킵과 함께 부엌 식탁에 앉아 숙제도 하고 공부도 해요. 집에는 방이 하나밖에 없어서 지아드는 형제들과 함께 거실에서 자고 부엌에서 공부를 해요.

금요일은 휴일이지만 지아드는 마냥 놀지 않아요. 이슬람교를 믿는 남자라면 모두 이슬람 사원에 가서 함께 예배를 드려야 하기 때문이에요. 그래서 금요일을 휴일이 아니라 '예배일'이라고 불러요. 여자들은 사원에 가지 않아요.

지아드의 가족들은 쉬는 날이면 목욕탕에 가는 걸 좋아해요. 알제리 사람들은 쉬는 날, 공중목욕탕에 가서 목욕을 하며 피로도 풀고 이

▶ **2000년의 역사를 가진 목욕탕**
알제리 켄첼라라는 도시에는 무려 2000년 전, 고대 로마인들이 지은 목욕탕이 남아 있어요.

웃들과 어울리기도 해요.

세 개 이상의 언어를 배워요

일주일의 첫날인 토요일 아침에는 전교생이 모두 운동장에 모여요. 국기 게양도 하고, 알제리 국가도 불러요.

지아드는 초등학교 4학년이에요. 30여 명의 학생들이 한 교실에서 생활하고, 읽기와 문법, 수학, 이슬람교, 과학, 기술, 음악, 미술 등 다양한 과목을 배워요.

모든 수업은 아랍어로 하지만 알제리 국민의 일부인 베르베르인들을 위해 베르베르어도 사용해요. 또 프랑스어를 배우기도 해요. 예전에 알제리가 프랑스의 식민지였기 때문이에요.

물리학자가 되고 싶은 지아드는 프랑스어를 열심히 공부해요. 대학교에서는 과학 수업을 프랑스어로만 하거든요.

지아드의 학교에서는 쉬는 시간이 세 번 있어요. 두 번은 쉬는 시간이고, 한 번은 점심시간이에요. 지아드와 친구들은 쉬는 시간에 주로 축구를 해요.

알제리뿐 아니라 아랍인들이 사는 나라는 하나의 민족이 아닌 여러 민족이 어울려 사는 나라가 많아서 대부분의 아랍인 학생들이 세 개 이상의 언어를 배우고 있어요.

지아드 또래의 아이들 중에는 이슬람교를 더 깊이 공부하기 위해 코란 학교에 다니는 아이들도 있어요. 코란 학교에서는 이슬람 경전에 대한 공부를 더 많이 하긴 하지만 읽기와 쓰기, 수 세기와 같은 기초 교육도 함께 하고 있어요.

신기하게 생긴 아랍어

아랍어는 25개국에서 공식 언어로 지정한 만큼 많은 사람들이 사

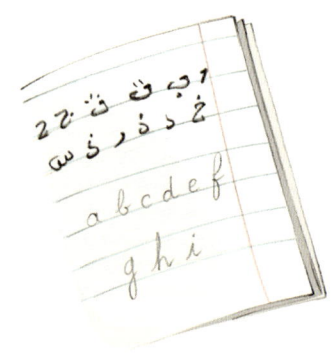

용하고 있는 언어예요.

아랍어는 모두 스물여덟 개의 문자로 되어 있는데 영어의 알파벳과 매우 다르게 생겼어요.

아랍어는 오른쪽에서 왼쪽으로 써 나가요. 그래서 지아드의 공책을 보면 글씨 쓸 때 기준이 되는 세로줄이 오른쪽에 있는 걸 알 수 있어요.

학교가 너무 멀어요

알제리 북쪽의 카빌리 산악 지역에 살고 있는 아이들은 학교에 가고 싶어도 통학이 쉽지 않아요. 학교가 너무 멀리 있기 때문이에요.

학교 버스가 아침마다 오긴 하지만, 정해진 시간에 오는 법이 거의 없어요. 버스를 놓치면 한 시간을 걸어가야 해요. 가끔 지나가는 자동차를 운 좋게 얻어 타고 가

맛있는 점심시간!

쿠스쿠스

점심시간이 되면 지아드는 동생 달랄과 함께 집으로 와서 점심을 먹어요. 주로 밀로 만든 쿠스쿠스에 야채와 고기를 섞어서 먹지요. 오른손으로 음식을 집어서 공처럼 동글동글 말아서 먹지요.

는 아이들도 있어요. 하지만 학교 버스를 놓쳤다 싶으면 아예 학교 가는 것을 포기하고 놀러 가는 아이들이 더 많아요.

▲ 카빌리 산악 지역
높은 산으로 둘러싸인 고산 지대로 전기와 가스 공급이 제대로 이루어지지 않아요.

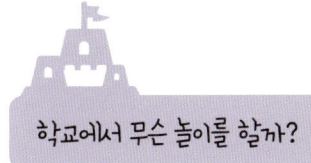
학교에서 무슨 놀이를 할까?

지그
우리나라의 윷이랑 비슷해요!

* **놀이 방법**

1. 지그는 둘이서 하는 놀이이다.
2. 땅바닥에 구멍을 파서 세 개의 가로줄을 만든다. 가운데 줄에는 열세 개의 구멍, 위아래의 두 줄에는 열두 개의 구멍을 판다.
3. 두 사람이 다른 색깔의 돌멩이 열두 개씩을 가진다. 이것을 말이라고 한다.
4. 우리나라의 윷처럼 한쪽 면이 하얀 나무 막대기 네 개를 준비한다. 나무 막대기를 던져 하얀 면이 나오는 개수만큼 이동한다. 모두 검은 면이 나오면 여섯 칸을 이동한다.
5. 두 사람이 번갈아 가며 던진다. 말은 각자 앞에 있는 첫 줄의 왼쪽 첫 번째 구멍에서 시작하여 오른쪽 끝까지 갔다가, 가운데 줄의 오른쪽에서 왼쪽으로, 다시 맨 위쪽 줄의 왼쪽에서 오른쪽으로 옮긴다. 그리고 다시 가운데 줄의 오른쪽에서 왼쪽으로 오기를 반복한다.
6. 한 사람의 말이 상대의 말을 넘어서거나 상대의 말과 같은 집에 들어가면 그 말을 잡을 수 있다. 상대방의 말 열두 개를 잡는 사람이 이긴다.

케냐
학교까지 걸어서 두 시간

🏫 초등학교 5학년

키마아티

"엄마 아빠, 밥을 먹기 전이나 음식을 만들기 전에는 손을 씻어야 해요."

"물도 귀한데 왜 그래야 하는 거니?"

"손에는 병을 일으키는 세균이 있어요. 그래서 씻지 않은 손으로 음식을 집으면 병이 생긴대요."

엄마랑 아빠는 눈을 크게 뜨고는 손바닥 구석구석을 살펴봐요.

"그래? 눈으로 봤을 때는 이렇게 깨끗한데?"

"무척 작아서 눈에는 안 보인대요. 그리고 이건 손을 씻을 때 쓰는 비누라는 거예요. 손에 물을 묻힌 다음 비누칠을 해서 손을 씻으면 세균을 쉽게 없앨 수 있대요."

키마아티는 학교 수업 시간에 만든 비누를 엄마 아빠에게 건네주었어요.

"키마아티, 네 덕에 우리가 새로운 걸 많이 배우는구나."

"엄마, 앞으로도 학교에 열심히 갈 거예요. 그래서 엄마 아빠에게 꼭 필요한 정보를 알려 드릴게요."

아침이면 키마아티와 누나 말라이카는 교복을 입고 학교로 가요. 학교는 이웃 마을에 있는데 두 시간이나 걸어가야 해요. 오고 가는 데 많은 시간이 걸리긴 하지만 키마아티는 학교에서 공부하는 것이 즐거워요. 학교에서 배운 소중한 정보를 가족들에게 가르쳐 줄 수 있으니까요.

형과 누나 모두 5학년!

키마아티가 몇 년만 일찍 태어났어도 학교에 가지 못했을 거예요. 몇 년 전까지만 해도 케냐는 의무교육 제도가 없어서 학교에 돈을 내고 다녀야 했어요. 키마아티의 형과 누나들은 가난한 집안 형편 때문에 학교에 가지 못했어요.

그런데 키마아티가 초등학교에 갈 나이가 되었을 때, 초등학교 교육이 의무화 되었어요. 키마아티는 가족 중에서 유일하게 여덟 살부터 초등학교에 간 사람이에요.

초등학교가 의무교육이 되자마자 여덟 살이 넘은 아이들도 한꺼번에 초등학교 1학년으로 학교에 들어갔어요. 그러다 보니 1학년이라 해도 나이가 많은 학생들이 있었고, 한 반의 학생이 100명이 넘기도 했어요. 키마아티의 형과 누나도 모두 같은 시기에 학교에 들어오는 바람에 형, 누나, 키마아티는 모두 5학년이에요.

- 국가 : 케냐
- 수도 : 나이로비
- 지역 : 아프리카
- 공식 언어 : 스와힐리어, 영어
- 인구 대비 어린이 비율 : 42.3%
- 초등학교 취학률 : 86%

통째로 외워 버려요!

교실은 작은데 한 반의 학생이 70명이 넘다 보니 교실이 무척 비좁아요. 그래서 두 명이 앉는 의자와 책상에 네 명이 딱 붙어 앉아서 수업을 받아요.

교과서는 선배들에게 물려받아서 사용해요. 학용품도 학교에서 학기 초에 무료로 나누어 준 공책 한 권과 연필 한 자루가 전부예요. 이것으로 1년을 보내야 하기 때문에 키마아티와 친구들은 꼭 필요할 때만 공책과 연필을 사용하고 넓적한 돌에다 연습 문제를 풀거나, 배운 내용을 통째로 외우려고 노력해요. 그렇게 하면 공책과 연필을 아낄 수 있으니까요.

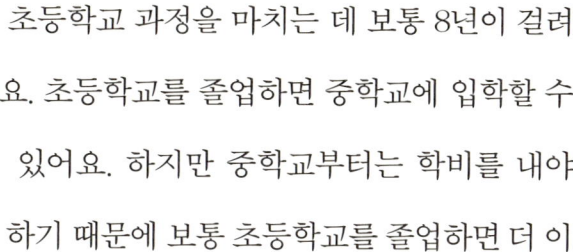

초등학교 과정을 마치는 데 보통 8년이 걸려요. 초등학교를 졸업하면 중학교에 입학할 수 있어요. 하지만 중학교부터는 학비를 내야 하기 때문에 보통 초등학교를 졸업하면 더 이상 공부를 하지 못하는 아이들이 많아요.

위생 교육을 받아요

키마아티는 학교에서 영어와 스와힐리어를 배워요. 병뚜껑들을 이용해서 계산하는 법도 익히고, 역사와 지리 공부도 해요. 집을 관리하는 법도 배우지요. 그리고 위생 교육 시간이 따로 있어서 선생님이 왜 손을 씻고 양치질을 해야 하는지 가르쳐 줘요. 더러운 우물물을 깨끗하게 걸러서 먹는 법도 배울 수 있어요. 이런 위생 교육 덕분에 병에 걸려서 결석하는 아이들의 수가 부쩍 줄었어요. 또 아이들의 가족들도 전보다 건강해졌어요. 아이들이 학교에서 배운 소중한 정보를 부모님들에게 전해 주기 때문이에요.

오늘도 키마아티는 더러운 우물물이 병을 옮길 수 있다는 사실과 우물물을 깨끗하게 관리하는 법을 배웠어요. 키마아티는 학교에서 배운 방법을 부모님께 가르쳐 드릴 거예요.

이동식 학교와 기숙학교

많은 아이들이 학교에 다닐 수 있게 되었지만 아직도 170만 명의 아이들이 학교에 다니지 못하고 있어요. 대부분 1년 내내 지역을 옮겨 다니며 양을 치는 집안의 아이들이에요. 이렇게 옮겨 다니며 사는 가족의 아이들을 위해 선생님이 아이들을 따라 이동하면서 수업을 하는 이동식 학교가 생겼어요. 또 부모님이 옮겨 다니는 동안, 아이들이 학교에서 먹고 자면서 공부를 할 수 있는 기숙학교도 생겼어요.

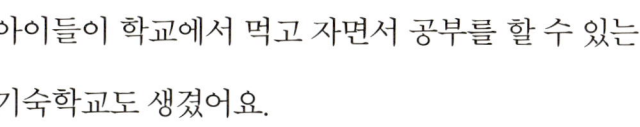

급식은 소중해요

사실 키마아티는 점심시간이 되기도 전에 배에서 꼬르륵 소리가 나요. 많은 아이들이 집에서 아침을 못 먹고 학교에 오기 때문에 학교에서 나눠 주는 무료 급식이 없다면 아이들은 배가 고파서 수업에 집중할 수 없을 거예요.

건기가 되면 집집마다 식량이 떨어져 학교에서 먹는 점심이 하루에 먹는 유일한 식사일 때도 있어요. 그럴 때면 키마아티는 학교에서 받은 급식을 다 먹지 않고 조금 남겼다가 집에 가지고 가서 식구들과 나눠 먹곤 해요.

장난감을 내 손으로 뚝딱

키마아티는 수업이 끝나면 운동장에서 친구들과 축구를 해요. 축구공을 구하기 힘들 때는 옷감 조각들을 모아 이리저리 묶어서 공처럼 만들어요. 또 철사로 작은 동물들을 만들기도 하고, 깡통을 이용해서 자동차나 트럭, 헬리콥터를 만들기도 해요. 상상력만 풍부하다면 주변에 있

맛있는 점심시간!

우갈리와 양배추 볶음

키마아티의 학교는 급식을 무료로 주어요. 급식의 메뉴는 언제나 우갈리예요. 우갈리는 옥수수 가루를 뜨거운 물에 넣어 익힌 음식이에요. 주로 국물이나 야채와 함께 먹어요. 급식은 우갈리만 나오지만 키마아티는 맛있게 먹어요.

는 모든 물건으로 장난감을 만들 수 있어요. 그래도 키마아티가 가장 좋아하는 놀이는 키우티예요. 특히 이겼을 때 의 기분은 정말 최고예요.

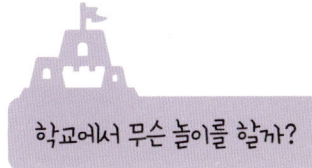

학교에서 무슨 놀이를 할까?

키우티

아프리카의 민속놀이인 아왈레를 변형시킨 것으로 장기나 체스와 비슷해요!

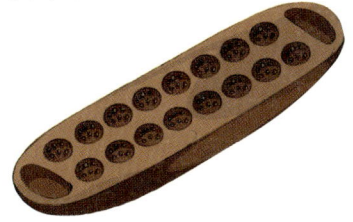

* **놀이 방법**

1. 둘이서 하는 놀이이다. 여덟 개의 구멍을 가로로 두 줄 만든다. 앞의 줄이 자기 영역이고, 뒤의 줄은 상대편의 영역이다.

2. 구멍마다 씨앗을 여섯 개씩 넣는다. 먼저 시작하는 사람이 자기 줄의 구멍 하나를 골라서, 그 안에 있는 씨앗 6개를 꺼낸다.

3. 씨앗들을 시곗바늘 반대 방향으로 구멍마다 한 개씩 넣는다. 상대편의 줄까지 활용한다. 마지막 씨앗을 심는 구멍에 씨앗이 들어 있으면 그 씨앗들을 모두 꺼내서 반대 방향으로 넣는다. 마지막 씨앗이 빈 구멍에 들어갈 때까지 계속 방향을 바꾸면서 씨앗 넣기를 한다.

4. 마지막 씨앗이 빈 구멍에 들어갔을 때 그 구멍이 자신의 줄에 있다면 상대편 구멍의 씨앗들을 거두어들인다. 그러나 빈 구멍이 상대편의 줄에 있다면 상대편이 씨앗을 넣을 차례가 된다.

5. 상대편의 씨앗을 모두 거두어들이는 사람이 이긴다. 혹은 구멍 안에 남아 있는 씨앗이 없으면 놀이가 끝난다. 이때는 씨앗을 더 많이 가진 사람이 이긴다.

멕시코
아침 체조로 시작하는 하루

🏫 초등학교 2학년
안드레스

"얘들아, 아침이야."

엄마의 목소리에 안드레스와 다섯 누나들이 모두 잠에서 깨어 그물 침대에서 내려와요.

곧 크리스마스라 아침부터 무척 더워요. 멕시코는 지구의 남반구에 위치해 있어서 여름과 겨울이 북반구의 나라들과 반대예요.

안드레스는 일어나자마자 마당으로 나가요. 마당에 있는 우물에서 물을 길어 세수를 한 다음 닭에게 모이를 줘요. 그리고 누나들과 식탁에 앉아 아침을 먹다가 라디오를 켜요.

"와, 내가 좋아하는 음악이 나오네."

안드레스는 음악을 들으면서 옷도 입고 머리도 빗으면서 학교 갈 준비를 해요. 교복이 있기는 하지만 안드레스는 한 벌밖에 없는 교복을 아끼느라 매일 입지는 않아요. 평소에는 바지와 티셔츠 차림으로 학교에 가요.

아침마다 체조를 해요

"자, 모두 아침 체조할 준비가 되었나요?"

"네, 선생님."

"체조하기 전에 간단한 지리 퀴즈를 내 볼게요. 멕시코는 몇 개의 주로 구성되어 있나요?"

"31개요!"

모든 학생이 합창을 하듯 대답해요. 안드레스도 큰 소리로 대답했어요.

"맞아요. 멕시코는 31개의 주로 구성된 멕시코 합중국입니다. 그럼 우리가 살고 있는 주의 이름은 무엇인가요?"

"유카탄 주요."

이번에도 쉬운 문제에 모두가 큰 소리로 외쳤어요. 안드레스는 아침에 이렇게 크게 소리를 치고 나면 가슴이 뻥 뚫리는 느낌이 들어요.

"맞아요. 우리가 살고 있는 곳이 어디인지 잊지 않도록 해요. 자, 아침 체조를 시작하겠습니다. 하나, 둘, 셋, 넷!"

- 국가 : 멕시코
- 수도 : 멕시코시티
- 지역 : 북아메리카
- 공식 언어 : 스페인어
- 인구 대비 어린이 비율 : 29%
- 초등학교 취학률 : 98%

학생들은 모두 앞에 계신 선생님을 따라 아침 체조를 시작해요.

시끌벅적한 교실

아침 체조가 끝나면 모두 교실로 가요. 안드레스는 의자 밑에 붙어 있는 서랍에서 책과 공책을 꺼내요. 학교에서는 여러 과목을 배우는데 날마다 같은 순서로 공부해요. 스페인어, 수학, 역사, 지리, 과학, 시민 정신, 운동……. 스페인어 읽기는 안드레스가 가장 좋아하는 과목이에요. 안드레스와 친한 친구들이 조를 짜서 책을 큰 소리로 읽으면, 다른 조의 아이들이 잘 듣고 점수를 매겨요!

안드레스가 공부하는 교실은 조용할 때가 별로 없어요. 아이들은 교실에서 뭔가를 먹기도 하고 수업 시간 중에 일어서서 돌아다니기도 해요. 심지어 날씨가 좋을 때는 밖으로 나가는 아이들도 있어요. 그리고 선생님을 부르고 싶을 때는 손을 드는 대신 선생님이 대답을 할 때까지 큰 소리로 계속 '선생님, 선생님!' 하고 외쳐요. 그러니 교실이 늘 시끌벅적할 수밖에 없어요.

오전반 오후반

예전에는 멕시코에 학교가 적어서 많은 아이들이 학교에 다니지 못했어요. 그러나 지금은 국가에서 나라 곳곳에 학교를 많이 세웠어요. 덕분에 안드레스가 살고 있는 외진 마을에도 학교가 생겼어요. 안드레스가 다니는 학교에는 이웃 마을에 사는 아이들까지 모두 30명 정도가 다니고 있어요.

아침마다 안드레스와 누나들은 즐거운 마음으로 학교에 가요. 내년이면 큰누나가 중학생이 되는데, 누나는 가까운 도시인 바야돌리드에 있는 중학교에 다니게 돼요.

안드레스 학교는 오전에만 수업이 있어요. 그러나 학생 수가 많은 다른 학교는 학생들을 오전반, 오후반으로 나누어서 가르치기도 해요. 교실이 부족하기 때문이에요.

아주 어린 선생님

안드레스는 담임 선생님이 자기 큰누나 같다고 자주 말해요. 담임 선생님 나이가 이제 겨우 열일곱 살이거든요!

멕시코에는 도시와 멀리 떨어져 있고 교통도 불편한 시골 마을이 많아요. 그런 곳은 선생님을 구하기 쉽지 않아요. 그래서 대학을 나오지 않은 젊은이들도 시골 학교의 선생님으로 지원할 수 있어요. 정해진 시험을 통과해서 한 달 정도 교육을 받으면 시골 초등학교의 학급을 맡게 돼요. 그 대신 대학 수업을 무료로 받을 수 있어요. 안드레스의 선생님도 이 마을 출신이 아니에요.

안드레스는 선생님이 어리긴 해도 정말 좋은 선생님이라고 생각해요. 학생들에게 깊은 관심을 가지고 있거든요.

수업의 마무리는 청소

정오가 되면 하루 수업이 끝나요. 안드레스와 친구들은 교실을 떠나기 전에 쓰레기통을 비우고, 빗자루로 교실을 쓸어요. 걸레로 책상을 닦고 책들을 정리해요. 그런 다음 집에 돌아가 점심을 먹어요.

점심을 먹고 나서 낮잠을 잠깐 잔 다음 숙제를 해요. 때로는 어린 동생들을 돌보기도 하고, 부모님을 따라 시장에 가서 채소를 팔기도 해요.

사립학교는 어떨까?

멕시코의 사립학교는 학비가 비싸서 부유한 가정의 아이들만 다녀요. 이런 사립학교에는 일반 과목을 가르치는 선생님 한 분 외에 체육, 음악, 미술, 외국어를 가르치는 선생님들이 따로 있어요. 그리고 교실에 텔레비전과 컴퓨터가 마련되어 있어서 인터넷과 영상을 이용한 수업도 해요. 초등학교 때부터 영어를 가르치기도 하고, 모든 수업을 영어로 하는 학교도 있어요.

맛있는 점심시간!

토르티야와 타코

멕시코 사람들은 밀가루나 옥수수 가루로 만든 전병인 토르티야에 고기나 채소, 치즈 등을 넣고 둥글게 싸서 먹는 타코를 즐겨요.

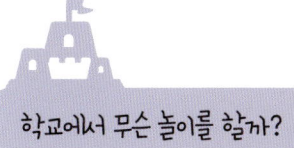

학교에서 무슨 놀이를 할까?

피냐타

눈을 가린 채 선물이 가득 든 커다란 주머니를 막대기로 쳐서 터뜨리는 놀이예요.

✱ **놀이 방법**

1. 풍선을 크게 분 다음 신문지를 잘라서 풍선에 붙인다. 풍선의 매듭 주위는 신문지를 붙이지 않는다.

2. 신문지가 풍선 모양으로 딱딱하게 마르면 안쪽의 풍선을 터뜨려서 없앤다. 이것이 피냐타이다.

3. 피냐타를 예쁘게 장식하고, 매듭 주위의 구멍으로 땅콩이나 사탕, 초콜릿 같은 작은 선물들을 채운 다음 구멍을 색종이로 메운다.

4. 피냐타를 높은 곳에 매단 다음 한 사람씩 돌아가며 막대기로 피냐타를 친다. 이때 눈을 가린다. 피냐타를 깨뜨리는 사람이 그 안에 들어 있는 선물들을 갖는다.

5. 피냐타를 막대기로 치기 전에 제자리에서 몇 바퀴 돌게 하기도 한다. 눈을 가리고 있기 때문에 다른 사람들이 막대기를 든 사람에게 방향을 이야기해 줘야 한다.

아프가니스탄
이제 여자도 학교에 가요

초등학교 2학년
마이나

"필요한 준비물은 모두 챙겼니?"

"네, 엄마."

오늘은 긴 방학을 마치고 개학하는 날이에요.

"오늘도 별일 없어야 할 텐데 말이다. 옆 마을의 학교는 방학 동안 폭탄을 맞아서 교실이 사라졌다고 하더구나. 마이나, 학교에 꼭 가야겠니? 이렇게 위험한데."

엄마는 걱정스러운 표정으로 마이나에게 아침 식사를 준비해 줘요.

"엄마, 전 이제 글도 읽을 수 있고 숫자도 셀 수 있어서 얼마나 행복한지 몰라요. 오랫동안 학교에 다니고 싶어요."

"할아버지 할머니는 너를 빨리 결혼시키지 않고 학교에 보낸다고 불만이 많으신 것 같더라."

"전 빨리 결혼하고 싶지 않아요. 최대한 엄마 옆에 오래 있게 해 주세요."

"그래, 엄마가 잘 말할 테니 조심해서 다녀오너라."

"네, 엄마. 학교 다녀오겠습니다."

마이나는 아프가니스탄의 동쪽에 있는 파르완 주에 살아요. 수도인 카불에서 멀지 않은 곳이지요. 학교는 마이나의 마을에 있지 않고 옆 마을에 있어서 학교까지 가려면 걸어서 한 시간 반이 걸려요.

여자들도 학교에 갈 수 있어요

아프가니스탄의 여자들은 오랫동안 교육을 받을 수 없었어요. 그래서 글을 읽을 줄 아는 여자는 다섯 명 중에 한 명도 안 돼요. 남자는 절반가량 글을 읽을 수 있어요.

아프가니스탄은 1973년부터 현재까지 끊임없이 국가 여기저기서 전쟁이 일어나고 있어요. 그래서 학교 교육이 제대로 이루어지지 못했지요. 다행히 2002년에 새로운 정부가 들어서면서 많은 아이들이 학교로 돌아가게 되었고, 처음으로 여자아이들도 학교에 다닐 수 있게 되었어요.

하지만 여자아이들이 열한 살이 되면 그때부터 결혼을

- 국가 : 아프가니스탄
- 수도 : 카불
- 지역 : 아시아
- 공식 언어 : 다리어, 파슈토어, 터키어
- 인구 대비 어린이 비율 : 44.5%
- 초등학교 취학률 : 61%

시키는 관습과 가난한 형편 때문에 여전히 많은 여자아이들이 학교에 다니지 못하고 있어요. 또 학교가 종종 기습 공격의 대상이 되기도 해서 불안한 부모들이 아이들을 학교에 잘 보내지 않으려고 해요. 하지만 점점 많은 사람들이 여자들에게 교육을 시키는 것이 얼마나 중요한 일인지를 깨닫고 있어요.

여자와 남자는 다른 교실을 써요

마이나의 오빠도 학교에 가요. 둘 다 초등학생이지만 다니는 학교는 달라요. 대부분의 학교는 여학교와 남학교가 분리되어 있어서 마이나도 여자들만 다니는 여학교로 가지요.

학교 수가 적기 때문에 가끔 남녀 공학이 있기도 해요. 남녀 공학이라고 해도 교문이 두 개이고, 남학생과 여학생이 서로 얼굴을 보지 못하도록 벽으로 막아 놓았어요. 아프가니스탄에서는 남학생과 여학생이 한 교실에서 공부하는 일이 드물어요.

마이나가 교문에 들어서자

친구들인 셰르와 자밀라가 반갑게 맞이해요. 세 명 모두 교복을 입고 학교에 왔어요. 검은색 긴 치마와 하얀 스카프가 교복이에요.

정답을 말하면 박수를 쳐요

수업을 시작하기 전에 학생들은 이슬람교의 경전인 코란을 낭독하고 노래를 불러요. 마이나는 하루에 세 시간만 공부해요. 마이나가 오전에 수업을 듣고 가면 다른 아이들이 오후에 수업을 들으러 와요. 교실이 부족해 오전반 오후반으로 운영하는 거예요. 금요일은 기도하는 날이라 수업이 없어요.

보통 수업 시간은 45분이지만 이슬람교를 믿는 사람들의 금식 기간인 라마단 중에는 수업 시간이 30분으로 줄어요.

마이나는 계산하는 방법과 페르시아어인 다리어를 읽고 쓰는 법을 배워요. 또 종교 수업도 들어요. 공책이나 필기구가 부족해서 학생들은 외울 것이 있으면 그 내용

을 반복해서 읽으며 외워요.

선생님이 칠판에 문제를 내고는 이렇게 물어요.

"누구 나와서 칠판에 답을 쓸 사람?"

마이나는 손을 높이 들어요.

"그래, 마이나가 앞에 나와서 써 보렴."

마이나는 칠판 앞으로 나가서 문제를 풀기 전에 먼저 신에게 감사를 드려요. 정답을 쓰면 친구들이 박수를 쳐 줘요!

마이나는 교실이 있어서 정말 다행이라고 생각해요. 아프가니스탄에는 300여 개의 학교들이 있지만, 폭격을 당한 학교가 많아서 교실은 100여 개밖에 없어요. 교실이 없어진 학교에서는 들판에 천막을 치고 공부를 해요.

세 명 중 한 명이 일을 해요

마이나는 수업이 끝나면 집에 가서 부모님을 도와 드려요. 동생들을 돌보기도 하고, 시장에 가서 계란을 팔기도 해요. 마이나는 자신이 운이 좋은 편이라는 것을 잘 알고 있어요. 마이나의 사촌들은 학교에 가 본 적이 없어요. 집에서 양탄자를 짜며 돈을 벌어야 하기 때문이에요.

아프가니스탄은 세계에서 다섯 번째로 가난한 나라예요. 그래서 아이들 인구의 3분의 1이 아주 어릴 때부터 노동을 하고 있어요. 남자아이들은 구걸을 하거나 쓰레기 더미를 뒤지며 종이 상자를 주우러 다녀요. 구두를 닦거나 세차를 하며 돈을 벌기도 해요. 여자아이들은 주로 집에 머물며 집안일을 도와요. 물을 길러 우물에 가거나 불을 지필 나무를 주우러 갈 때만 밖에 나가요.

하늘 높이 연을 날려요

마이나와 친구들은 쉬는 시간에 줄넘기, 축구, 연날리기 등을 하며 놀아요. 아프가니스탄 사람들은 연날리기를 무척 좋아해요. 그래서 나라 곳곳에서 연날리기 대회가 열려요. 연날리기 대회는 두 사람이 연을 날려서 상대방의 연실을 끊는 사람이 이기는 대회예요. 대회에 나가는

사람은 상대방 연실을 잘 끊기 위해 자신의 연실에 유리 가루를 바르기도 해요. 마이나와 친구들은 학교 운동장에서 누가 연을 가장 높이 날리는지, 누가 가장 멋지게 날리는지 내기를 해요.

▲ 연을 파는 가게

연날리기는 우리나라뿐 아니라 세계 곳곳에서 즐기는 놀이예요. 나라마다 다양한 모양과 크기의 연을 만들고 연날리기 대회도 열어요.

학교에서 무슨 놀이를 할까?

나는 기억하고 있어

특별한 도구는 필요 없지만 기억력이 필요한 놀이예요. 이 놀이는 며칠 동안 계속되기도 해요.

* **놀이 방법**

1. 놀이에 참여하는 사람들이 한 가지 물건을 정한다. 예를 들어 어떤 연필을 정했다고 하면, 그 연필은 이 사람에서 저 사람에게 계속 건네진다.

2. 놀이 중에 있는 사람은 언제 그 물건을 넘겨받을지 모른다. 놀이를 기억하고 있는 사람은 연필을 받았을 때, '마라 야드 아스'라고 말해야 한다. '나는 기억하고 있어'라는 뜻이다.

3. 연필을 받은 사람이 깜빡 잊고 '마라 야드 아스'를 외치지 않으면 놀이가 끝난다.

4. 이때 연필을 건네준 사람이 '마라 야드 아스, 투라 파로모슈'라고 말해야 한다. '나는 기억하고 있는데, 너는 잊고 있었구나'라는 뜻이다. 그 말을 한 사람이 이 놀이의 우승자가 된다.

PART 03

직접 체험하고 자신감을 길러요

정해진 교과서 없이 배우는 모든 책이 교과서가 되는 나라가 있어요.
시험이나 숙제가 없는 나라도 있고요.
직접 체험하는 수업, 자신감을 길러 주는 수업을 중요하게 생각하는
영국과 핀란드 친구들의 교실로 들어가 봐요.

영국
모든 책이 교과서예요

🏛 초등학교 1학년
조디

"엄마, 학교 다녀오겠습니다."

"학교 버스 올 시간이구나. 잘 다녀오너라."

조디는 오전 8시 20분에 집 앞으로 오는 학교 버스를 타요. 버스에는 친한 친구 베키와 콜린이 타고 있어요.

"얘들아, 안녕! 베키, 머리 잘랐구나!"

"응. 어제 엄마랑 같이 쇼핑센터에 놀러 갔다가 잘랐어. 기르고 싶었는데 잘라서 아쉽긴 하지만 앞머리를 자른 건 마음에 들어."

베키가 기다렸다는 듯이 말해요.

"앞머리 자르니까 귀엽다, 베키."

셋은 어제 무슨 일이 있었는지 이야기를 나눠요. 이렇게 수다를 떨다 보면 시간이 후딱 가요. 8시 40분쯤 학교에 도착하면 잠도 깨고, 하루를 상쾌하게 시작할 준비가 되어 있어요.

조디는 일곱 살이던 작년 9월에 초등학교에 들어갔어요. 영국에서는 가을에 새로운 학기가 시작돼요. 영국 어린이들은 의무교육이 끝나는 고등학교를 마치면 학업을 끝내는 경우가 많아요. 그러나 조디는 수의사가 되고 싶기 때문에 대학교까지 가려고 해요.

무엇을 입을지 고민하지 않아요

조디는 아침마다 어떤 옷을 입을까 고민하지 않아요. 영국의 초등학생들 대부분이 교복을 입기 때문이에요. 조디가 다니는 학교의 교복은 회색 스커트(남학생은 바지)와 검은색 줄무늬가 군데군데 들어가 있는 빨간 스웨터예요. 교복은 학교마다 조금씩 달라요.

- 국가 : 영국
- 수도 : 런던
- 지역 : 유럽
- 공식 언어 : 영어
- 인구 대비 어린이 비율 : 16.9%
- 초등학교 취학률 : 99%

프로젝트 수업으로 재미있고 깊이 있게

영국 초등학교는 학교마다 무엇을 가르칠지 자유롭게 선택할 수 있는 부분이 있는데, 조디가 다니는 학교는 '프로젝트 수업'을 하는 곳이에요. 프로젝트 수업이란 학기별로 한두 가지의 큰 주제를 정해서 여러 과목의 수업이 모두 그 주제와 관련되도록 진행하는 수업 방식이에요. 만약 이번 학기의 주제가 '그리스 로마 신화'라면 수학이나 체육과 같은 특수한

과목을 빼고는 문학, 음악, 미술, 지리, 역사 등 여러 과목에서 모두 그리스 로마 신화에 관련된 것들을 집중적으로 배워요. 그러니 따로 교과서가 필요 없어요. 그리스 로마 신화 책을 도서관에서 빌려 보기도 하고, 그 시대에 만들어진 작품을 전시하는 미술관이나 박물관에 들러서 작품들을 보면서 기록을 해 두어요. 그리스나 로마 양식의 옷도 직접 만들어서 입고 연극을 하며 그 시대를 체험해 보기도 해요. 한 학기가 끝날 때에는 그동안 배웠던 것을 보고서로 작성해서 제출해요.

조디는 한 가지 주제에 대해 깊이 있게 알 수 있고 여러 가지 체험도 할 수 있는 프로젝트 수업을 좋아해요.

친한 친구들과 함께 공부해요

조디는 무엇이든 친한 친구들과 함께 할 수 있어요. 책상을 두 개씩 붙여 놓고, 네 명이 한 조가 되어서 공부를 하기 때문이에요. 프로젝트 수업을 할 때는 그룹으로 공부하는 게 도움이 돼요. 체험 활동도 함께 하고 연구와 발표도 서로 의견을 주고받으며 할 수 있어서 혼자 할 때보다 더 많은 것을 배울 수 있거든요.

벽에는 많은 포스터들이 붙어 있어요. 학교와 교실에서 지켜야 할 규칙들이나 훌륭한 격언, 격려가 되는 짧은 말들이 적혀 있어요. 조디와 친구들이 미술 시간에 만든 작품들도 붙어 있어요.

조디의 교실에서는 '화이트 보드'라고 불리는 흰 칠판을 사용해요. 수업 내용을 영사기로 흰 칠판에 비추기도 하고, 비디오나 인터넷 화면을 띄우기도 해요.

학비와 의료비가 무료

영국 어린이들의 90%가 조디처럼

공립학교에 다녀요. 공립학교는 학비가 무료예요. 영국은 학비와 의료비가 거의 무료인 국가예요. 하지만 아이들 중에는 사립학교를 다니는 친구들도 있어요. 사립학교는 공립학교와 다르게 특색이 있는 교육을 제공하는 대신 우리나라 대학교 등록금보다 훨씬 비싼 학비를 내야 해요.

요리 수업은 필수

영국 어린이들의 13%가 비만으로 고생하고 있어요. 영국은 유럽에서 비만인 어린이가 가장 많은 국가예요. 영국은 이 문제를 해결하기 위해 2011년부터 열한 살에서 열네 살까지의 모든 학생이 학교에서 요리 수업을 듣게 했어요.

다양한 음식 재료에 대해 공부하고 그 재료로 요리를 하다 보면 음식의 영양소에 대해 쉽고 재미있게 배울 수 있기 때문이에요. 학생들이 내 몸을 건강하게 지켜

주는 음식과 그렇지 않은 음식에 대해서 자연스럽게 알고 건강하게 성장할 수 있도록 국가가 나서서 노력하고 있어요.

걱정거리 상자

아이들은 어른들에게 속마음을 털어 놓기 쉽지 않을 때가 있어요. 조디는 몇 달 전에 다른 아이를 대신해서 벌을 받은 적이 있어요. 선생님 앞에서 진실을 제대로 이야기하지 못했기 때문이에요. 그 일이 줄곧 마음에 걸렸던 조디는 그때의 상황을 편지로 적어서 학교에 마련된 우편함에 넣었어요. 이 상자를 '걱정거리 상자'라고 불러요.

학교 선생님들은 매일 상자 안의 편지를 읽어 보고, 수줍거나 선생님이 무서워서 마음속 이야기를 다 꺼내지 못하는 아이들의 문제를 해결할 수 있도록 도와줘요.

조디의 선생님도 조디가 쓴 편지를 읽고 조디와 함께 의논한 뒤 억울했던 마음을 풀어 주었어

요. 그리고 앞으로 어떻게 행동하면 좋을지 조언도 해 주었지요. 조디는 마음이 한결 가벼워진 걸 느꼈어요. 앞으로도 말하기 힘든 문제가 생기면 마음속에만 담아 두지 않고 선생님과 함께 해결하는 법을 배울 거예요.

맛있는 점심시간!

샌드위치와 감자칩

정오가 되면 영국 학교 아이들은 식당에서 점심을 사 먹거나 도시락을 먹어요. 조디는 샌드위치와 감자칩, 청량음료를 점심으로 먹어요. 조디가 먹는 음식은 건강에 그리 좋은 편은 아니에요.

학교에서 무슨 놀이를 할까?

악어씨, 제발

'악어씨, 제발~'이라고 말하며 시작하는 놀이예요.

✳ 놀이 방법

1. 네 명 이상이 할 수 있는 놀이이다. 아이들 중 한 명이 악어가 되고, 나머지는 악어가 된 친구에게 이렇게 말한다. "악어씨, 제발 우리가 강을 건널 수 있게 해 주세요."

2. 악어는 예를 들어 이렇게 대답한다. "파란 것을 가져오면 건너게 해 주지." 그러면 파란색의 물건을 가져온 사람은 안전하게 건널 수 있다. 하지만 파란 것을 찾지 못한 사람은 악어가 잡기 전에 달아나야 한다.

3. 악어에게 잡힌 사람은 탈락된다. 한 명만 남을 때까지 계속되고 남은 사람이 악어가 된다.

핀란드
시험이 없어 행복해요

🏫 초등학교 4학년
엘리아스

"음, 오늘도 눈이 오네."

엘리아스는 콘플레이크와 오렌지 주스를 아침으로 먹으면서 창밖을 잠깐 내다봤어요. 며칠째 눈이 쉬지 않고 내리지만 엘리아스에게는 익숙한 일이에요. 핀란드에서는 눈이 없는 겨울은 상상도 할 수 없거든요.

"천천히 먹어라, 엘리아스."

"안 돼요. 늦지 않으려면 서둘러야죠."

엘리아스는 지각하는 것을 무척 싫어해요. 핀란드에서는 시간을 지키지 않는 사람을 무척 예의 없는 사람으로 생각하거든요. 게다가 엘리아스는 학교에 가는 것을 좋아해요. 수업이 정말 재미있거든요!

"엄마, 학교 다녀오겠습니다!"

"그래, 자전거 조심해서 타고."

엘리아스는 자전거를 타고 학교에 가요. 핀란드에는 자전거 도로가 많아서 학교까지 안전하게 갈 수 있어요. 책가방도 무겁지 않아요. 수업 중에 책을 거의 사용하지 않기 때문에 가지고 다닐 필요가 없어요. 필기할 공책 몇 권만 가지고 다니면 돼요.

모두 자신감을 잃지 않도록!

- 국가 : 핀란드
- 수도 : 헬싱키
- 지역 : 유럽
- 공식 언어 : 핀란드어, 스웨덴어
- 인구 대비 어린이 비율 : 16.4%
- 초등학교 취학률 : 96%

엘리아스는 일곱 살 때 초등학교에 입학했어요. 열세 살이 되면 정해진 과목 말고 선택해서 들을 수 있는 과목들이 생겨요. 엘리아스는 사진이나 요가, 승마를 배우거나 외국어를 하나 더 배우려고 해요.

핀란드의 학교 교육은 전 세계에서 가장 모범적이라는 칭찬을 들어요. 학생들이 학교를 좋아하고 좋은 성과를 보여 주기 때문이에요.

핀란드 학교 교육의 가장 큰 특징은 학생들 간의 경쟁을 없애고 모든 학생들에게 공평하게 기회를 주는 것이에요. 수업 시간에 선생님이 여러 가지 문제를 내지만 주로 정답이 있는 문제보다 자신의 생각을 말하거나 써야 하는 문제를 내요. 맞고 틀리는 것이 없기 때문에 틀렸다고 자신감을 잃을 일은 없어요.

핀란드의 학생들은 열두 살까지 성

적표를 받지 않아요. 그리고 학교마다 공부를 어려워하는 학생들이나 학교 수업을 제대로 따라가지 못하는 학생들에게 특별 수업을 해 주는 선생님이 따로 있어요. 선생님들은 학생들이 졸업할 때까지 공부에 자신감을 잃지 않는 것을 가장 중요하게 여겨요.

교실에서는 신발을 벗어요

엘리아스는 학교에 들어서는 순간 기분이 좋아져요. 운동장에서 신나는 음악이 흘러나와 학생들을 즐겁게 맞이해 주거든요. 음악 소리가 멈추면 교장 선생님이 학교에서 지켜야 할 규칙을 설명해 주거나 그날 들어야 할 주의 사항 같은 것을 알려 줘요.

엘리아스는 교실에 들어가기 전에 외투와 함께 신발도 벗어요. 핀란드에서는 우리나라와 마찬가지로 학교나 집에 들어갈 때는 신발을 벗고 실내에서는 실내화를 신거나 양말을 신고 다녀요.

엘리아스는 곰 반이에요. 교실마다 핀란드에 사는 동물 그림이 붙어 있어요.

직접 체험하는 수업

"마리카, 인터넷 좀 사용해도 돼요?"

엘리아스는 선생님의 이름을 부르며 친근하게 다가가요. 핀란드에서는 모든 아이들이 선생님과 친구처럼 대화해요.

수업은 크게 네 가지로 나누어져 있어요. 교양 수학, 교양 과학, 읽고 이해하기, 문제 해결하기. 그리고 모든 학생은 세 개의 언어를 배워야 해요. 공식 언어인 핀란드어와 스웨덴어 그리고 영어, 독일어 등 외국어 중에서 하나를 배워요.

선생님이 강의를 하고 아이들은 필기만 하는 수업은 없어요. 거의 모든 수업이 아이들이 직접 참여하고 체험해 보는 형식으로 진행돼요. 오늘은 수학 시간에 면적을 계산하는 법을 배우기 위해, 교실의 벽을 페인트로 칠해 보기로 했어요. 아이들은 한쪽 벽을 노랗게 칠한 다음 노란 벽의 면적을 구해 보았어요.

그리고 요리 수업, 목공 수업, 바느질 수업도 있어요. 남녀 구분 없이 여러 가지 도구와 기계를 사용하는 법을 배워요. 직접 손으로 만지고 느끼는 교육이 중요하다고 생각하거든요.

사미족을 위한 학교

핀란드 북쪽의 라플란드 지방에는 사미족이 살고 있어요. 라프족이라고도 불러요. 핀란드 국민의 대부분은 핀인이라는 민족이에요. 사미족은 소수 민족으로, 자신들만의 고유한 언어와 문화를 가지고 있어요.

이 지역에는 학교가 많지 않고, 전 학년을 통틀어 학급이 하나뿐인 경우가 많아요. 그래서 모든 학년의 아이들이 한 반에 모여서 공부를 하기도 해요. 배우는 과목은 핀란드 아이들과 똑같지만 자신들의 언어와 전통을 이어 가기 위해서 사미어도 배워요.

오전이면 수업이 끝나요

수업은 오전 8시에 시작해요. 45분 수업이 끝나면 30분 쉰 다음에 다시 45분 수업을 해요. 학생들은 쉬는 시간이 되면 눈이 오든 비가 오든, 날씨에 아랑곳하지 않고 밖으로 나가요. 교실에 남아 있는 친구는 거의 없어요. 엘리아스와 친구들은 나무들 사이를 마음껏 뛰어다니거나, 운동장에서 여러 가지 놀이를 해요. 학교에는 담이나 울타리가 없어요. 12시 30분이면 학교 수업이 모두 끝나요. 집에서 따로 해야 할 숙제는 거의 없어요. 곧장 집으로 돌아가는 학생들도 있지만, 엘리아스는 학교 안 화실에서 그림을 그려요.

그림을 그리고 나면 친구들과 학교 근처에 있는 운동장에서 아이

스하키나 뫼케 게임을 해요. 아이스하키는 여섯 명으로 구성된 두 팀이 얼음 위에서 스케이트를 탄 채 끝이 구부러진 막대로 퍽이라는 공을 쳐서 상대팀 골에 넣는 경기예요. 겨울이 길고 눈이 많이 내리는 핀란드에서 매우 인기 있는 스포츠예요.

맛있는 점심시간!

균형 잡힌 점심식사

11시가 되면 학교 식당에서 무료로 점심을 나누어 주어요. 주로 샐러드를 곁들인 따뜻한 요리와 함께 빵과 우유가 나와요. 엘리아스는 미트볼과 걸쭉한 수프인 퓌레를 가장 좋아해요.

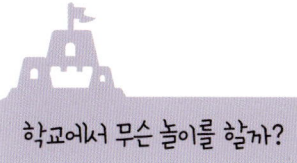

학교에서 무슨 놀이를 할까?

뫼케

볼링, 당구, 프랑스의 쇠공놀이를 합친 놀이예요. 눈이 와도 할 수 있어요.

※ 놀이 방법

1. 원기둥 모양의 나무토막인 뫼케를 이용해서 나무 핀들을 쓰러뜨리는 놀이이다.

2. 1부터 12까지의 숫자가 적혀 있는 나무 핀들을 순서대로 나란히 세운 다음 핀에서 3~4미터 정도 떨어진 곳에 서서 뫼케를 수평으로 던져 핀을 쓰러뜨린다.

3. 핀 하나를 쓰러뜨리면 핀에 적혀 있는 숫자대로 점수를 합해 간다. 그러나 여러 개를 쓰러뜨리면 쓰러진 핀의 개수가 점수가 된다.

4. 50점을 먼저 딴 팀이 이긴다. 합해서 50점이 되도록 넘어뜨려야 하기 때문에 능숙한 손놀림과 치밀한 작전이 필요하다.

PART 04

별별학교, 신기한 교실에서 공부해요

학교에 가려면 카누를 타고 강을 건너야 하는 친구들이 있어요.
야외 수업을 할 때면 물속에 숨어 있는 악어를 조심해야 하기도 하지요.
학교보다 집에서 어른들을 보며 배우는 교육이 더 중요하다고 생각하는 나라도 있어요.
오스트레일리아, 볼리비아, 슬로바키아 친구들은 학교를 어떻게 생각할까요?

오스트레일리아
야외 수업은 맹그로브 숲에서!

초등학교 4학년
아론

"알았어, 점피. 일어날게!"

점피는 집에서 키우는 캥거루의 이름이에요. 캥거루 점피는 아론이 빨리 일어나라고 집 주변을 쿵쿵 뛰어다니다가 급기야 소리를 지르기 시작했어요.

아론의 집은 야외 캠핑장 같아요. 어떤 벽은 아예 방충망으로 되어 있어요. 그래서 아침이면 덤불숲에서 부산하게 움직이는 동물들의 소리를 듣고 잠에서 깨요.

아론은 세수를 하고 아침을 먹은 뒤 가방을 메고 밖으로 나왔어요. 학교에 가기 전에 점피랑 잠시 놀아 줄 참이에요.

"점피, 나 잡아 봐!"

아론이 뛰기 시작하자 점피가 껑충껑충 뛰며 아론을 뒤쫓아요. 그러고는 아론에게 안기다시피 뛰어올라요. 점피는 정말 장난꾸러기예요.

"그만해, 점피. 이러다가 학교에 지각하겠어. 학교 갔다 와서 놀아 줄게. 그동안 말썽 부리지 말고 잘 있어."

아론은 쓰다듬어 달라며 보채는 점피를 간신히 떼어 놓고 학교로 가요.

오스트레일리아의 원주민

아론은 오스트레일리아에서 '덤불숲'이라고 불리는 시골에 살고 있어요. 아론은 오스트레일리아의 원주민이에요. 원주민은 백인들이 이주해 오기 전에 오스트레일리아 땅에 살고 있었던 민족을 말해요.

오늘날 원주민 수는 오스트레일리아 국민의 1~2% 정도예요. 아론을 비롯해서 덤불숲 마을에 사는 주민들은 다른 오스트레일리아인들과 거의 비슷한 모습으로 살고 있지만, 원주민의 독특한 문화를 간직하고 있기도 해요.

□ 국가 : 오스트레일리아
□ 수도 : 캔버라
□ 지역 : 오세아니아
□ 공식 언어 : 영어
□ 인구 대비 어린이 비율 : 18.6%
□ 초등학교 취학률 : 97%

여섯 개의 주, 여섯 개의 교육 제도

아론은 오전 7시 30분에 학교로 출발해요. 지금은 1월, 남반구에 위치한 오스트레일리아는 한여름이라서 반바지에 티셔츠만 입었어요. 겨울에는 편안한 바지와 스웨터를 입어요.

학교는 집에서 걸어서 30분쯤 걸리는 곳

에 있어요. 조금 멀긴 해도 아론은 친구 톰과 걸어서 학교에 가요.

오스트레일리아에서는 만 6세부터 만 15세 아이들까지 모두 의무 교육을 받아요. 오스트레일리아는 여섯 개의 독립된 주로 구성되어 있고, 각 주마다 교육 장관이 따로 있어서 교육 제도가 저마다 달라요. 하지만 중앙 정부에서 '오스트레일리아교육자격제도'라는 방침을 만들어 두어서 초등학교의 수업 내용은 모든 주에서 거의 비슷해요.

전통을 이어 가요

오전 8시가 되면 수업을 시작해요. 영어와 수학, 역사, 지리, 과학 과목을 공부해요. 책상 앞에 오래 앉아 있는 수업보다 선생님과 둘러앉아서 큰 소리로 함께 책을 읽거나, 친구들과 조를 짜서 공부하는 경우가 많아요.

아론은 신문이나 방송에서 각자 고른 사건에 대

해 소개하는 뉴스 시간을 좋아해요. 오후에는 스포츠나 예술 활동을 해요.

아론의 학교에는 원주민 학생들이 많아요. 그래서 배우는 과목 중에 '원주민의 문화'라는 과목이 있어요. 그 시간에는 조상들의 언어와 역사, 전통 춤과 음악, 미술, 요리에 대해 배워요.

▲ 원주민의 악기 디제리두
흰개미가 갉아 먹어서 중간이 빈 유칼립투스 나무로 만든 오스트레일리아의 전통 관악기

얼마 전에는 작살로 물고기를 잡는 법을 배웠어요.

원주민의 문화에 대해 배우긴 하지만 현대의 뛰어난 문명을 수업에 적극적으로 이용하기도 해요. 아론과 친구들은 인터넷으로 읽기를 배우고 인터넷 교육 프로그램에도 참여하고 있어요.

스모코 타임

오전 10시에 쉬는 시간이 있는데, 이 시간을 '스모코 타임'이라고 해요. 아론은 이 시간에 간단한 간식을 먹어요. 운동장에는 식당으로 사용되는 간이 천막이 있어서, 학부모님들이 가벼운 먹거리를 준비해 놓고 있어요. 아론은 보통 핫도그를 먹어요. 그러고 나서 크리켓 게임이나 럭비를 하고 오스트레일리아식 축구를 하기도 해요. 오스트레일리아식 축구는 공을 손에 들고 뛸 수 있어요. 점심시간은 아주 짧아서 주로 간단하게 샌드위치를 먹어요.

   오후 3시에 수업이 끝나면 그때부터는 자유롭게 놀 수 있어요. 아론과 톰은 덤불숲 안에서 숨바꼭질을 하는 걸 좋아해요. 나무들이 많아서 숨기가 정말 좋거든요. 바다에서 헤엄을 치거나, 부메랑 던지기를 할 때도 있어요. 부메랑은 오스트레일리아 원주민이

처음으로 만든 도구예요. 덤불숲 마을 주민들은 부메랑 던지기를 무척 좋아해요.

악어를 조심해!

선생님은 아이들을 종종 맹그로브 나무숲에서 야외 수업을 해요. 맹그로브 나무는 물속에 뿌리를 내리고 자라는데, 뿌리들 사이에 악어들이 숨어 있을 때가 많기 때문에 아주 조심해야 해요. 하지만 아이들은 이런 곳에 익숙해요.

야외 수업을 할 때는 간식을 그 자리에서 구할 수 있어요. 나무 열매들을 따서 먹거나 조개를 주워 학교에 가지고 가서 구워 먹어요.

요즘 아론과 톰이 계획하고 있는 것이 있어요. 학교 작업장에서 직접 만든 작살로 해변에서 물고기를 잡는 거예요. 얼마나 재미있을지 벌써 기대가 돼요.

방송 학교

덤불숲 마을처럼 거대한 숲속에

있는 지역은 학교에 가려면 차를 타고 몇 시간씩 가야 할 수도 있어요. 그래서 이런 곳에 사는 아이들을 위한 '방송 학교'가 있어요.

방송 학교에 다니는 아이들은 부모님과 함께 집에서 책을 펼쳐 놓고 라디오를 들으며 공부해요. 날마다 한두 과목을 공부하고 선생님과 통화도 하면서 모르는 것을 물어 보기도 해요. 그리고 열흘에 한 번씩 선생님께 우편으로 과제물을 보내요.

학교에서 무슨 놀이를 할까?

부메랑

납작하고 좁은 'ㄱ'자 모양의 나무를 던져서 출발 지점으로 다시 돌아오게 하는 놀이예요.

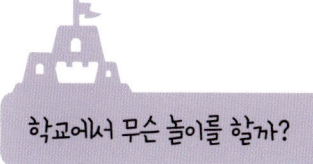

❋ **놀이 방법**

1. 부메랑을 던지는 사람은 몇 가지 주의 사항을 지켜야 한다. 부메랑은 특이한 궤도를 그리면서 아주 빠르게 날기 때문에 부메랑을 던지려면 아주 널찍한 장소를 골라야 한다.
2. 바람이 부는 방향을 잘 살펴서 바람을 마주하고 선다.
3. 부메랑을 들고 있는 팔을 위로 쭉 뻗어서 땅과 수직이 되게 한다.
4. 팔을 머리 뒤로 넘겼다가 앞으로 뻗으면서 부메랑을 던진다. 부메랑이 땅과 평행을 이루면서 날아가게 해야 한다.
5. 제대로 던지면 부메랑은 반드시 던진 사람의 손으로 돌아온다.

볼리비아
아마존 숲이 운동장이에요

🔸 초등학교 3학년
플라비아

"플라비아, 일어났니?"

"네. 세수하러 갔다 올게요."

"악어나 피라냐 조심해!"

플라비아는 그물 침대에서 내려와서 세수를 하러 강가로 가요. 강에 사는 악어나 뱀, 피라냐 들이 숨이 있다가 공격할 수도 있기 때문에 항상 조심해야 돼요.

플라비아의 집은 아마존 숲속에 있어요. 눈을 뜨면 아득히 펼쳐진 나무숲이 보이고 야생 동물들도 여기저기 돌아다녀요. 집에는 커다란 방이 하나 있는데 침실이자 거실, 부엌으로 쓰여요. 이곳에서 플라비아는 부모님과 다섯 명의 동생들과 살고 있어요.

'식구가 많은 가정은 행복한 가정'이라는 볼리비아의 속담처럼 플라비아는 식구가 많은 것이 참 좋아요.

"아, 오늘도 덥다. 해가 뜨기 전에 얼른 학교에 가야겠다."

플라비아는 아침을 먹고 반바지와 티셔츠를 입은 다음 강으로 가요. 학교에 가려면 카누를 타야 하거든요.

카누를 타고 학교에 가요

플라비아는 볼리비아 국민의 절반을 차지하는 아메리카 원주민의 후손이에요. 그중에서도 케추아족이라는 민족이고, 숲속에 있는 투이차라는 마을에 살아요. 볼리비아의 학생들은 주로 교복을 입지만 플라비아는 그럴 수 없어요. 아마존의 숲속은 너무 덥기 때문이에요!

플라비아의 학교는 눈으로 보기에는 아주 가까워 보이지만, 길이 잘 닦여져 있지 않기 때문에 카누를 타고 몇 시간이나 강을 거슬러 가야 해요. 이 학교는 케추아족 아이들만 갈 수 있어요.

볼리비아에는 학교가 너무 멀어서 학교에 다니지 못하는 아이들이 많아요. 시골이나 산에 사는 아이들은 몇 시간씩 걸어서 학교에 가곤 하지요.

36개의 민족이 어울려 살아요

볼리비아는 2009년에 '볼리비아 공화국'에서 '볼리비아 다민족국'으로 나라 이름을 바꾸

- 국가 : 볼리비아 (다민족국)
- 수도 : 수크레(사법), 라파스(행정)
- 지역 : 남아메리카
- 공식 언어 : 스페인어, 케추아어, 아이마라어
- 인구 대비 어린이 비율 : 35.5%
- 초등학교 취학률 : 78%

었어요. 볼리비아 국가의 헌법에서 국내에 살고 있다고 인정한 민족의 수만 무려 36개예요. 그중에서 남아메리카 원주민이 반 이상이고, 그 가운데 케추아족이 가장 많아요.

케추아족은 스페인어와 함께 그들 고유의 언어인 케추아어를 써요. 스페인의 지배를 받았을 때는 학교에서 스페인어 대신 케추아어를 쓰면 벌을 받던 때도 있었어요. 하지만 지금은 학교에서 케추아어와 스페인어를 함께 배우고 있어요.

볼리비아 정부는 다양한 민족들이 자신의 고유한 언어와 문화를 잘 지키면서 조화롭게 살기를 바라고 있어요. 그래서 볼리비아에서는 자신들의 민족 특색이 드러나는 전통 옷을 입고 다니는 사람들을 자주 볼 수 있어요.

단 하나뿐인 학급

볼리비아의 초등학교는 8학년까지 있어요. 플라비아가 다니는 학교에는 학급이 하나뿐이에요. 나이도, 학습 수준도 모두 다른 열네 명의 아이들이 한 반에서 공부를 해요. 그래서 학생들은 저마다 진도가 다르고 숙제나 과제도 달라요.

플라비아는 이번 학기에 짧은 동화를 쓰는 것이 과제예요. 꼭두각시 인형을 만들어 친구들에게 인형극을 하면서 직접 만든 동화를 들려줄 거예요. 이렇게 하면 읽기와 쓰기, 미술 공부를 한꺼번에 할 수 있어요!

숲속이 곧 운동장이에요

플라비아가 다니는 학교는 학생들에게 언어와 읽기, 쓰기, 계산하기를 집중적으로 가르쳐요. 하지만 볼리비아의 다른 학교들은 역사와 지리, 과학, 기술, 미술 등 다양한 과목을 가르치기도 해요. 환경을 보호하는 방법을 가르치기도 하고 건강 교육을 하는 학교도 있어요.

쉬는 시간이 되면 플라비아와 친구들은 모두 교실 밖으로 나가요. 학교에는 담이 없어서 넓은 숲이 곧 운동장이 돼요. 플라비아와 친구들은 숲에서 술래잡기를 하거나, 일곱 명씩 편을 나누어 축구 하기를 좋아해요.

남아메리카의 여러 국가가

그렇듯이 볼리비아에서도 축구는 가장 인기 있는 스포츠 중 하나예요.

오후 1시에 학교 수업이 모두 끝나면 플라비아는 집으로 돌아가서 점심을 먹어요. 아버지가 강에서 잡아 온 생선을 굽고, 밭에서 가꾼 채소를 뜯어 와 요리를 해서 가족들과 함께 점심을 먹어요.

▲ 소금으로 이루어진 사막
볼리비아의 우유니 사막은 소금으로 이루어져 있어요. 소금 호수에 하늘이 반사되는 모습이 아름다워 '세상에서 가장 큰 거울'이라고 불려요. 사막의 소금 양은 볼리비아 국민이 수천 년을 먹고도 남을 만큼 많아요.

일하는 아이들

아이들의 대부분은 학교에 가지 않을 때 부모님의 일을 도와요. 플라비아는 어머니가 요리하는 것을 돕고, 어린 동생들을 돌보아요. 가축을 보살피기도 하고 밭일을 할 때도 있어요.

볼리비아는 세계에서 가장 가난한 나라들 중 하나이기 때문에 아이들도 일을 해야 하는 가정이 많아요.

학교에 가야 할 나이의 아이들이 길거리에서 구두를 닦거나 사탕수수를 수확하는 밭일을 하고, 심지어 땅속 깊은 곳에 있는 탄광에서 석탄을 캐기도 해요.

그래서 볼리비아에는 학교에 다닐 수 없어서 글을 읽거나 쓰지 못하는 아이들이 많아요.

학교에서 무슨 놀이를 할까?

플로타 모데르나

농구, 축구, 핸드볼을 합친 공놀이예요.

※ **놀이 방법**

1. 같은 인원수를 가진 두 팀이 있고, 각 팀에 골키퍼가 한 명씩 있어야 한다.
2. 축구장만 한 크기의 운동장을 세 구역으로 나눈다.
3. 자기편 골문에서 가까운 구역에서는 농구처럼 손을 사용해서 공을 다룬다. 중앙 구역에서는 축구처럼 발을 사용하고, 상대편 골문 앞 구역에서는 핸드볼처럼 공을 두 손으로 잡고 슛을 쏜다.
4. 놀이에 참여한 사람들이 의논해서 규칙을 바꿀 수 있다. 공을 손에 들고 세 걸음 이상 가지 못한다거나 상대방의 공을 만지면 안 된다는 등의 규칙을 미리 정할 수 있다.

슬로바키아
입에서 입으로 전해져요

초등학교 5학년
일로나

"일로나!"

"네, 선생님."

"일어서서 돌아다니지 말고 제자리에 가서 앉아야지."

"아, 네."

일로나는 수업 중에 돌아다니면 안 된다는 걸 또 잊었어요.

슬로바키아에 살고 있는 일로나는 슬로바키아인이 아니라 '로마'예요. 로마는 집시들이 자신들을 부르는 이름인데 '사람'이라는 뜻이에요. 예전에는 집시라고 불렀던 국가들에서도 이제는 로마라고 부르고, 이탈리아의 도시 이름과 헷갈리지 않도록 '로마니'라고도 불러요.

로마니는 슬로바키아인과 생긴 모습, 살아가는 방식, 언어까지 달라요. 로마니는 이름을 부르지 않고 서로 별명을 불러요. 그리고 아이들은 어른들의 결정에 언제든지 이의를 제기할 수 있어요. 그래서 일로나는 학교에서 선생님의 말씀을 들으면서 가만히 앉아 있기가 어려워요.

유럽 각지에 흩어져 사는 로마니

로마니들은 전 세계 각지에 흩어져 살고 있어요. 특히 유럽의 여러 나라에 많이 살고 있어요. 로마니들은 원래 캠핑카나 마차를 타고 다니며 여러 곳을 떠돌아다녔어요.

슬로바키아에는 60만 명 정도의 로마니들이 살고 있어요. 하지만 오늘날의 로마니들은 대부분 한곳에 정착해서 살고 있어요. 일로나 가족도 슬로바키아 동쪽에 있는 도시인 바르데요프 주변 지역에 정착해서 살고 있어요.

- 국가 : 슬로바키아
- 수도 : 브라티슬라바
- 지역 : 유럽
- 공식 언어 : 슬로바키아어
- 인구 대비 어린이 비율 : 16%
- 초등학교 취학률 : 90%

◀ 〈캐러밴과 집시의 야영지〉, 1888
빈센트 반 고흐의 작품으로 프랑스 아를 지방에 머물던 집시를 보고 그린 그림이에요.

정착촌의 집들은 나무와 함석으로 만든 커다란 오두막처럼 생겼고 수도도 전기도 들어오지 않아요. 게다가 하나뿐인 방에서 할아버지, 할머니, 아빠와 엄마, 언니 칼리아와 오빠들, 그리고 올케 언니들과 조카들까지 열두 명이 함께 살고 있어요. 로마니들에게 가장 중요한 것은 가족들이 함께 모여 사는 것이에요. 그래서 일로나는 불편하고 복닥거리긴 해도 집에서 가족들과 함께 지내는 것이 정말 좋아요.

입에서 입으로 전해지는 문화

일로나는 여섯 살까지 책을 본 적이 없었어요. 로마니 문화에서는 모든 것이 입에서 입으로 전해지거든요. 날씨를 예측하는 법, 방향을 찾는 법, 옷을 만들어 입는 법, 악기 다루는 법, 숫자 세기 등 살아가는 데 필요한 모든 것을 어른들이 아이들에게 이야기로 전달하고, 아이들은 그것을 기억했다가 또 자신의 아이들에게 그것을 전달하면서 로마니들의 문화가 이어져 왔어요.

일로나는 어른들에게 먼 옛날, 마차를 타고 여러 나라를 떠돌아다니며 살던 때의 이야기를 해 달라고 졸라요. 그 이야기는 언제 들어도 신기하고 재미있거든요. 이야기를 잘 기억했다가 일로나도 어른이 되면 어린 아이들에게 들려줄 참이에요.

슬로바키아어는 외국어

열네 살인 일로나의 오빠 누슈는 월요일부터 금요일까지 아침마다 일로나를 학교에 데려다 주고 집으로 돌아가요. 열다섯 살까지는 의무교육이기 때문에 누슈도 학교에 가야 하지만 많은 로마니 아이들처럼 누슈도 중간에 학업을 중단했어요.

학교 수업은 오전 8시부터 오후 1시 30분까지 45분씩 계속 이어져요. 읽기, 쓰기, 수학, 과학 등을 배우고 수업은 슬로바키아어로 해요.

일로나는 집에서 로마니들의 언어인 로마니어를 써요. 로마니어를 가르치는 학교들도 있지만 일로나의 학교에서는 로마니어 수업이 없어요.

일로나에게 슬로바키아어는 외국어와 다름없어서 따로 배워야 해요. 그래서 수업을 따라가기가 어려워요.

▲ 로마니를 상징하는 깃발
하늘을 상징하는 파란색, 땅을 상징하는 녹색, 그리고 그 가운데에 수레바퀴 모양의 무늬가 들어 있어요.

일부 학교에서는 로마니 아이들을 슬로바키아 아이들과 함께 가르치기 어렵다고 여겨 반을 나누어서 가르치기도 하는데, 국제 사회에서 이를 로마니 아이들을 차별하는 행위라고 보고 금지시켰다고 해요.

일로나는 수업 중간에 쉬는 시간이 있어서 정말 다행이라고 생각하고 있어요. 오랜 시간 의자에 앉아 있는 게 참 힘들거든요. 쉬는 시간에 일로나는 주로 로마니 친구들과 놀지만 숫자 놀이를 할 때는 슬로바키아 친구들과 함께 어울려 놀아요.

음악과 춤을 사랑해요

로마니들은 뛰어난 예술적 재능을 가지고 있다고 알려져 있어요. 일로나와 가족들은 시간이 날 때마다 악기를 연주하며 노래를 부르고 춤을 추는 걸 좋아해요.

사실 로마니가 아닌 사람들은 로마니들이 여기저기 떠돌아다니며 다른 사람들의 물건을 마음대로 가져가고 잘 씻지 않아 꺼려하기도 해요. 하지만 일로나는 자연을 사랑하고 음악과 춤을 좋아하며 어딘가에 얽매이지 않고 항상 자유롭게 사는 로마니들의 생활을 다른 사람들이 이해해 줬으면 좋겠다고 생각해요.

자유로운 오후

일로나는 학교가 끝나면 오후를 마음대로 보낼 수 있어요. 우선 집에 가서 순대처럼 생긴 로마니들의 전통 요리나 찌개 요리를 먹어요. 점심시간은 언제나 즐거워요. 일로나의 삼촌들과 숙모들이 종종 와서 함께 먹기 때문이에요.

일로나는 식사를 마치고 나면 밖에 나가서 놀거나, 어른들이 하는 일의 대부분을 함께해요. 어른들은 자신들이 하는 것을 보고 아이들이 따라하며 배운다고 생각하기 때문에 아이들이 어른 일에 참여하고 간섭해도 야단치지 않아요.

일로나와 형제자매들은 곧 결혼하게 될 큰언니를 위해 깜짝 공연을 준비하고 있어요. 결혼식은 로마니들에게 아주 큰 행사예요. 일로나는 오빠와 남동생이 치는 기타에 맞추어 춤을 추고 노래를 하기로 했어요. 언니는 결혼식이 끝나면 남편의 가족들과 함께 살기 위해 집을 떠나야 해요. 하지만 크게 섭섭해할 필요는 없어요. 바로 옆집에 살거든요.

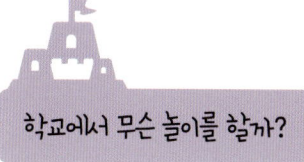

학교에서 무슨 놀이를 할까?

숫자 놀이

로마니든 아니든 모든 아이들이 할 수 있는 놀이예요.

✱ 놀이 방법

1. 이 놀이를 하려면 열한 명의 사람과 분필이 필요하다.

2. 땅바닥에 5미터짜리 평행선을 세 줄 긋는다. 양쪽 가장자리의 선 중 하나에 열 개의 사각형을 그리고, 순서에 상관없이 1부터 10까지의 숫자를 써 넣는다.

3. 술래를 한 사람 뽑는다. 술래는 가운데 줄 위에 선다.

4. 다른 아이들은 제비뽑기로 번호를 하나씩 가진 다음 비어 있는 선 위에 가서 선다.

5. 술래는 아이들을 등지고 서서 번호 하나를 부른다. 그 번호를 가진 아이는 목소리를 바꿔서 큰 소리로 번호를 부른다.

6. 술래가 누구 목소리인지 맞히면 그 사람은 밖으로 나간다. 그러나 술래가 틀리면 그 번호에 해당되는 사람은 번호가 씌어 있는 사각형까지 뛰어간다. 중앙선에 서 있던 술래는 그 사람이 사각형 안에 들어가기 전에 손으로 쳐야 한다. 술래의 손이 닿으면 그 사람이 술래가 된다.

PART 05

다양한 과목을 배우고 예술활동을 즐겨요

학교에서 전통 춤을 배우고 전통 악기 연주하는 것을 배우는 나라가 있어요.
다른 사람 앞에서 자신의 이야기를 또박또박 잘하는 친구들이 인정받는 나라도 있지요.
아침부터 저녁 늦게까지 많은 과목을 열심히 공부해야 하는 친구들도 있어요.
인도와 미국, 중국의 친구들은 학교에서 어떤 과목을 배울까요?

인도
다양한 예술 활동을 즐겨요

초등학교 4학년
에크람

"에크람, 얼른 타!"

"알았어."

에크람은 친구 니발이 부르는 소리를 듣고 얼른 릭샤에 올라타요. 릭샤는 자전거에 수레를 연결해서 사람이 직접 끄는 교통수단이에요. 사람도 많이 태우고 속도도 느리지만 가격이 저렴해서 에크람과 친구들은 학교에 갈 때 주로 릭샤를 이용해요.

"에크람, 오늘은 일찍 나와서 다행이다."

"그러게. 어제 늦게 나와서 릭샤에 거의 매달리다시피 해서 학교까지 가느라 힘들었어."

릭샤 안은 사내아이들만 꽉 차 있어요. 에크람이 다니는 학교는 남학생만 다니는 학교이기 때문이에요. 아이들은 모두 하얀 셔츠에 파란색 반바지 교복을 입었어요. 학교까지 가는 동안 에크람은 친구들에게 어제 누나와 본 영화 이야기며 책 이야기를 해 주어요. 그렇게 수다를 떨다 보니 어느새 학교에 도착했어요.

시바 신, 감사합니다!

에크람은 인도 남부에 있는 작은 마을에 살아요. 인도에서는 여섯 살부터 열네 살까지의 모든 어린이들이 의무 교육을 받도록 되어 있어요. 하지만 학교에 못 가는 아이들이 6천만 명이나 있어요. 집이 가난해서 일을 하거나 구걸을 해야 해서 학교에 가지 못하는 거예요. 학교에 다니는 에크람은 자신이 큰 행운을 누리고 있다는 사실을 잘 알고 있어요. 그래서 아침에 일어나면 가장 먼저 시바 신에게 감사의 기도를 드려요.

- 국가 : 인도
- 수도 : 뉴델리
- 지역 : 아시아
- 공식 언어 : 힌디어 외 14개 지역 언어, 영어(상용어)
- 인구 대비 어린이 비율 : 31.1%
- 초등학교 취학률 : 89%

공립학교와 사립학교

에크람은 초등학교 4학년이에요. 인도의 초등학교는 5학년까지 있어요. 에크람이 다니는 학교는 사립학교라 학비가 꽤 비싸요. 인도의 아이들 중 가정 형편이 무척 좋은 아이들만 이런 학교에 다닐 수 있어요.

예전에는 에크람도 공립학교에 다녔는데, 공립학교 선생님의 월급이 너무 적어서 선생님들이 곧잘 결근을 하시

▼ 힌두교의 시바 신
인도 사람들은 주로 힌두교를 믿어요. 힌두교에는 아주 많은 신이 있어요. 시바 신은 주요 신들 중 하나로, 처음에는 부와 행복을 의미했으나 나중에는 창조와 파괴를 뜻하게 되었어요.

는 바람에 자습하는 날이 많았어요. 그래서 에크람의 부모님은 형편이 조금 나아지자 에크람을 사립학교로 옮겨 주었어요.

시사에 관심을 가져요

수업은 언제나 그날 신문의 사회면과 문화면을 큰 소리로 읽는 것으로 시작해요. 이렇게 신문을 읽다 보면 인도뿐 아니라 세계에서 일어나는 크고 작은 일들에 대해 알게 되고 생각도 깊어져요.

에크람과 친구들이 공부하는 과목은 수학, 생물, 시민 교육, 역사,

지리, 운동 등 아주 많아요. 에크람은 인도의 공식 언어인 힌디어, 두 번째로 많이 사용되는 영어, 자기 지역의 언어인 타밀어까지 세 개의 언어를 배워요. 공립학교에 다녔을 때는 영어를 배우지 않았기 때문에 새 학교에 와서 처음 배우는 영어가 쉽지 않아요. 하지만 영어로 말하는 것이 무척 재미있어서 열심히 공부하고 있어요.

비정부 기구에서 세운 학교

인도에는 너무 가난해서 학교에 다니기 힘든 아이들이 많아요. 그런 아이들을 돕기 위해 비정부 기구들이 세운 초등학교가 있어요. 비록 건물이 없는 학교도 있지만 아이들은 땅바닥에 앉아서라도 공부를 해요. 아이들은 주로 읽고 쓰는 것을 집중적으로 배워요.

비정부 기구의 사람들은 아이들이 글을 읽고 쓸 줄 알면 직업을 구할 수 있고, 그러면 가난에서 벗어날 수 있다고 생각해요. 그래서 아이들에게 일을 시키지 않고 학교에 보내는 가족에게 식량을 지원하기도 해요.

▲ 비정부 기구 유니세프
권력이나 이윤을 추구하지 않고 인간의 가치를 옹호하기 위해 시민들이 스스로 만든 단체를 비정부 기구라고 하고, 엔지오(NGO, Non Governmental Organization)라고도 해요. 유니세프, 세이브더칠드런, 녹색 연합 등이 있어요.

밥은 오른손으로

에크람은 점심시간이 되면 학교 이동 식당에서 밥을 받아 적당한 자리에 가서 앉아요. 식탁이나 의자가 없어서 주로 바닥에 앉아서 밥을 먹어요. 밥을 먹을 때는 수저를 쓰지 않고 오른손을 이용해서 먹어요. 물을 마실 때는 은으로 만든 컵을 쓰는데, 컵 하나로 모두 함께 사용해요. 그러니 물을 마실 때 입술이 컵에 닿지 않도록 조심해야 해요.

영화 보는 걸 좋아해요

에크람은 집에 오자마자 교복을 벗어요. 부모님은 늘 바쁘세요. 아버지는 학교의 교장 선생님이고, 어머니는 큰 회사의 비서로 일하거든요. 에크람은 부모님이 오실 때까지 많은 일을 할 수 있어요. 숙제도 하고, 텔레비전도 보고, 컴퓨터도 하고, 친구들과 축구도 해요. 때로는 누나와 함께 영화를 보러 가요. 영화 감상은 에크람이 가장 좋아하는 취미 활동이에요.

춤은 신성한 예술

수업은 월요일부터 토요일 오전까지 있어요. 토요일을 빼고는 언제나 오전 8시 30분부터 오후 3시 30분까지 공부해요.

에크람은 수업이 끝나도 학교에 남아서 여러 가지 다양한 활동을 해요. 음악, 연극, 미술, 노래, 춤……. 인도에서는 춤을 신성한 예술로 여겨요. 그래서 거의 모든 학생들이 남녀 구분하지 않고 '바라타 나티암'이라는 인도의 고전 무용을 배워요.

에크람은 무용과 요가를 좋아해요. 요가 시간에는 몸의 움직임과 숨을 조절하는 법을 배울 수 있어요.

쉬는 시간에는 영국에서 들어온 스포츠인 크리켓을 치거나, 인도의 전통 놀이인 카바디를 해요.

맛있는 점심시간!

난과 카레

난은 밀가루를 반죽해서 화덕에 구운 둥글고 평평한 빵을 말해요. 점심으로는 주로 난 위에 야채나 고기가 들어간 카레 소스를 얹어서 먹어요.

학교에서 무슨 놀이를 할까?

카바디

전략을 짜고 재빨리 움직여야 하는 놀이예요.

✽ 놀이 방법

1. 열여덟 명이 '사냥꾼'과 '사냥감'으로 아홉 명씩 편을 나눈다. 커다란 직사각형을 그린 다음 가운데에 줄을 긋는다. 그 줄에 여덟 명의 사냥꾼들이 일정한 간격으로 웅크리고 앉는다.

2. 나머지 한 명이 '움직이는 사냥꾼'이 되고, 선 안에서 한 방향으로만 뛴다.

3. 사냥감들은 7분마다 세 명씩 선 안으로 들어와 방향에 상관없이 마음대로 도망칠 수 있고, 사냥꾼들이 앉아 있는 줄도 넘어갈 수 있다.

4. 움직이는 사냥꾼이 한 방향으로 돌다가 손으로 친 사냥감은 밖으로 나가야 한다. 움직이는 사냥꾼은 앉아 있는 다른 사냥꾼과 교대할 수 있다. 새 사냥꾼도 한 방향으로 뛰어야 한다.

5. 7분씩 세 판이 끝나면 모든 사냥감들이 다 뛰었으므로 사냥꾼들과 역할을 바꾼다. 여섯 판이 돌고 나서, 사냥꾼의 손에 닿지 않은 인원이 많은 팀이 이긴다.

미국
내 생각을 잘 말하는 것이 중요해요

초등학교 4학년
키야

"키야, 서둘러라. 학교에서 가까운 곳에 사는데 지각하면 친구들이 놀릴 거야."

"네, 엄마. 머리띠 좀 골라 주세요."

키야는 시리얼에 우유를 말아 먹으면서 엄마에게 부탁했어요.

"이 머리띠가 예쁘겠다."

엄마는 키야 방에서 머리띠랑 가방을 들고 나왔어요. 키야는 엄마가 골라 준 머리띠를 하고 가방을 낚아채 듯 집어 들고 아파트를 뛰어나가요.

"엄마, 학교 다녀올게요."

"키야, 조심해서 다녀와. 낯선 사람이랑 눈 마주치지 말고."

키야는 미국의 뉴욕에 살고 있어요. 미국은 다양한 민족이 함께 살고 있는데 키야는 아프리카계 미국인이에요. 뉴욕에서는 출신이 같거나 환경이 비슷한 사람들끼리 모여 살아요. 키야는 브롱크스에서 살고 있어요. 이곳은 안전하지 않은 지역으로 알려져 있어요. 하지만 키야는 어릴 때부터 살아 온 이 동네를 좋아해요!

교육 제도가 수십 가지나!

미국에는 50개의 주와 하나의 특별구가 있는데, 주마다 교육 제도가 달라요. 90%의 다른 미국 어린이들처럼 키야도 학비가 없는 공립학교에 다녀요.

미국의 학교는 학생이 살고 있는 지역의 생활수준과 비슷해요. 학교 재정의 50% 가까이를 지역 주민의 세금에서 거두고 있기 때문이에요. 그래서 백인이나 부유한 아시아인이 많은 지역의 학교는 다른 곳보다 교육 여건이 좋은 편이에요.

□ 국가 : 미국
□ 수도 : 워싱턴 D.C.
□ 지역 : 북아메리카
□ 공식 언어 : 영어
□ 인구 대비 어린이 비율 : 20.2%
□ 초등학교 취학률 : 92%

경비원이 교문을 지켜요

학생들은 오전 8시 45분에 종이 울리면 학교로 들어가기 시작해요. 정문 앞에는 제복을 차려 입은 경비원이 서 있어요. 경비원은 학교에 드나드는 사람들을 감시해요. 키야는 그것이 학생들의 안전을 지키기 위해서라는 것을 알면서도 조금 무서운 기분이 들곤 해요.

키야의 학교는 교복이 없어서 옷을 자유롭게 입을 수

있어요. 하지만 너무 짧은 치마나 요란한 옷을 입고 오는 학생은 교장 선생님이 집으로 돌려보내서 옷을 갈아입고 오게 해요.

국기에 대한 맹세

키야의 반에는 모두 스물네 명의 학생들이 있어요. 수업이 시작되면 선생님을 중심으로 바닥에 둥그렇게 원을 그리고 앉아요. 첫 시간은 선생님이 책을 읽어 주는 독서 시간이에요. 그러다 방송으로 교장 선생님의 목소리가 들리면, 학생들은 교실 벽에 붙어 있는 미국 국기를 향해 일어서요. 그리고 가슴에 한 손을 얹고 '국기에 대한 맹세'를 해요.

여러 민족이 모여 살고 있지만 미국이라는 국가를 이루는 국민이라는 것을 되새기고 나라를 자랑스럽게 여기는 사람들이 될 것을 약속하는 거예요.

발표와 토론이 중요해요

선생님은 아이들에게 발표를 자주 시켜요. 감정을 절제하고 자기의 생각을 잘 표현하는 능력을 기르기 위해서예요. 선생님은 아이들이 발표하는 내용뿐 아니라 발표자가 듣고 있는 사람들과 눈을 잘 마주치는지, 목소리 크기는 적당한지 등 말하는 태도에 대해서도 관심을 기울여요. 선생님은 아이들이 다른 사람의 이야기를 잘 듣고 자신의 생각을 논리적으로 잘 전달할 수 있는 사람이 될 수 있도록 지도해요.

키야는 처음에는 사람들 앞에서 자신의 이야기를 하는 것이 힘들었지만 이제 조금씩 친구들 앞에서 이야기하는 것이 편해지고 있어요.

수준에 맞춘 교육

　미국의 초등학교는 주로 학생들 개개인의 수준에 맞춘 교육을 해요. 읽기 능력이 뛰어난 학생은 읽기 시간에 수준이 높은 책을 읽고, 읽기 능력이 부족한 학생은 자신의 학년보다 낮은 수준의 책을 읽도록 해요. 어떤 과목에서 일정 수준의 점수를 얻지 못하면 1년 동안 그 과목을 더 공부해야 하기도 하고, 학업 성취도가 뛰어난 학생은 학년을 뛰어넘을 수도 있어요.

　선생님과 보조 선생님들은 학생들의 학업 능력을 평가하고 거기에 맞는 수업을 준비하느라 늘 바빠요.

학생들이 중재를 해요

　학교에서 어떤 사건이 일어났을 때, 그 문제를 해결하는 중재자 학생들이 있어요. 어른들의 개입 없이 학생들끼리 문제를 해결하기 위해 만든 제도예요. 서로 편을 갈라서 싸웠다든지, 물건이 없어졌다든지, 또 어떤 친구가 협박을 받고 있다거나 하여 문제가 생기면 중재자 학생들이 그 사건과 관련된 학생들과 함께 의논하여 해결책을 찾을 수 있도록 도와줘요.

공놀이를 좋아해

키야네 학교는 50분 수업이 끝날 때마다 쉬는 시간이 있어요. 시간은 짧지만 많은 학생들이 운동장으로 나가 야구를 해요. 족구를 하는 친구들도 있어요. 족구는 야구공보다 훨씬 큰 공을 발로 차면서 하는 게임이에요. 키야는 피구를 더 좋아해요. 그래서 아이들이 피구할 사람을 찾으면 가장 먼저 달려가곤 해요.

사립 중학교에 가고 싶어요

키야는 초등학교를 졸업하면 사립 중학교에 가고 싶어요. 키야가 사는 곳에는 사립학교가 공립학교보다 교육의 질이 훨씬 높기 때문이에요. 하지만 키야의 집은 사립학교의 학비를 낼 형편이 안 돼요. 그래서 키야는 학교 재단에서 소수 민족, 즉 유색 인종 학생들에게 주는 장학금을 받을 생각이에요. 그러려면 시험을 쳐야 하는데, 4천 명 중에서 한 명 정도만 통과할 수 있는 어려운 시험이에요. 하지만 키야는 최선을 다해 노력할 거예요!

원주민의 언어와 역사를 배워요

한편, 아메리카 원주민들은 백인들이 아메리카 대륙에 이주해 오기 전부터 살고 있던 민족이에요. 정부는 이들을 보호하기 위해 아메리카 원주민 보호 구역을 정해 놓았어요. 보호 구역마다 학교가 있는데, 학생들은 영어, 수학 등 다양한 과목을 배우지만 원주민의 언어와 역사도 함께 배워요.

맛있는 점심시간!

햄버거

점심시간에는 학교 식당에서 나오는 점심을 사 먹기도 하고, 도시락을 먹기도 해요. 키야는 친구와 함께 교실 바닥에 앉아서 집에서 싸 온 도시락을 먹어요. 오늘 키야는 햄버거와 주스를 가지고 왔어요.

학교에서 무슨 놀이를 할까?

피구
전략을 짜고 재빨리 움직여야 해요.

* **놀이 방법**

1. 놀이를 하려면 한 팀에 여섯 명씩, 두 팀이 필요하다.
2. 운동장을 두 개의 구역으로 나눈다.
3. 공격 팀이 수비 팀 친구들을 공으로 맞힌다. 수비 팀은 재빨리 움직여서 공을 피해야 한다.
4. 공에 맞은 사람은 선 밖으로 나간다. 하지만 던진 공을 받으면, 밖에 나갔던 친구 한 명을 불러들일 수 있다.
5. 한 팀의 친구들이 모두 밖으로 나가면 그 팀이 지면서 놀이가 끝난다.

중국
붓글씨로 글자를 익혀요

🏫 초등학교 3학년
호아

"호아, 일어나야지."

호아는 한쪽 눈만 살며시 떴다가 다시 감았어요.

"아직 해도 안 떴는데……."

호아가 다시 이불 속으로 쏙 들어가자 아빠가 말했어요.

"호아, 오늘 개학하는 날이야."

"아, 맞다. 오늘 학교 가는 날이지."

2월의 첫날, 2학기가 시작되는 날이에요. 호아는 초등학교 3학년인데 한 달 전부터 방학이었어요.

호아는 도시에서 멀리 떨어진 시골에 살고 있어요. 이 동네의 다른 아이들처럼 호아도 초등학교를 졸업하면 공부를 계속할 수 없을 거예요. 호아의 부모님은 호아를 중학교에 보낼 형편이 안 돼요. 게다가 학교도 마을에서 너무 멀리 떨어져 있고요. 방학 동안 호아는 무척 학교에 가고 싶었어요. 그래서 벌떡 일어나 침대에서 나왔어요!

도시의 아이들, 농촌의 아이들

　대도시에서는 부모님들이 외동아이들을 애지중지 귀하게 키워요. 빚을 지더라도 자녀들을 학비가 비싼 사립학교에 보내기도 해요. 하지만 중국의 농촌에서는 많은 아이들이 초등학교에도 못 다녀요. 부모님을 도와 밭에 나가서 일을 하느라 학교에 못 가기도 하고, 학비는 무료이지만 교과서와 학용품 살 돈이 없어 학교에 가지 못하는 아이들도 있어요.

▫ 국가 : 중국
▫ 수도 : 베이징
▫ 지역 : 아시아
▫ 공식 언어 : 중국어
▫ 인구 대비 어린이 비율 : 26.3%
▫ 초등학교 취학률 : 99%

1시간을 걸어서 학교에 가요

　호아는 아침 6시에 일어나요. 서둘러서 세수를 하고 밥을 먹은 뒤 6시 30분이면 학교 갈 준비를 끝내요. 학교가 집에서 1시간쯤 걸어가야 하는 곳에 있기 때문이에요.

　다른 요일에는 옷을 자유롭게 입고 월요일은 운동복을 입어요. 운동복이 교복 대신이에요. 호아의 친구들 중에는 2시간을 걸어서 학교에 오는 아이들도 있어요. 집이 아주 먼 아이들은 아예 학교에 마련된 기숙사에서 지내면서 몇 주에 한 번씩 집으로 가기도 해요.

호아는 학교 가는 길에 가장 친한 친구인 아이반을 만났어요. 아이반은 눈이 예쁜 친구인데, 호아랑 이야기가 잘 통해요. 친구랑 같이 가면 학교 가는 길이 짧게 느껴져요.

애국가와 체조

호아는 학교 종이 울리기 직전에 학교에 도착할 때가 많아요. 아이들은 모두 운동장에 모여서 줄을 서요. 운동복을 입는 월요일에는 국기가 올라가는 동안 애국가를 불러요. 하지만 다른 날은 집단 체조를

해요. 호아는 가끔 아이들 중에서 뽑혀 연단 위에 올라가서 체조를 하는데, 그럴 때는 마치 교향악단의 지휘자가 된 것 같아서 무척 기분이 좋아요. 체조가 끝나면 학생들은 길게 줄을 서서 음악에 맞춰 교실로 걸어 들어가요.

수천 개의 글자를 익혀요

호아의 반에는 46명의 학생이 있고, 대부분 규칙을 잘 지켜요. 수업이 시작될 때와 끝날 때는 모두 일어서서 선생님께 인사를 해요. 출석을 부른 뒤에는 책상 밑 서랍에서 책과 공책을 꺼내요. 쓰기, 읽기, 수학, 역사, 시민 교육, 음악, 무용 등 다양한 과목을 배워요. 모든 과목이 다 중요해요. 수업 시간은 40분씩이고, 매일 시간표가 같아요.

호아는 핀인을 배우는 시간이 가장 힘들어요. 핀인은 우리말 발음으로는 병음이라고 하는데, 중국의 한자를 영어 알파벳으로 표현한 것이에요. 하지만 마지막 시간은 호아가 좋아하는 서예 시간이에요.

중국 문자에는 수천 개의 글자가 있어요. 서예는 글씨를 아름답게 쓰는 예술이에요. 호아는 정신을 집중하고 붓에 먹물을 묻혀서 한 자 한 자 글씨를 써 가요. 글씨마다 쓰는 순서가 정해져 있어요. 수평의 선들을 먼저 그은 다음에 수직의 선을 긋는데, 언제나 위에서 아래로, 왼쪽에서 오른쪽으로 붓을 움직여요. 호아는 글씨를 아름답게 쓰기 위해 붓끝을 보며 집중을 해요.

선생님이 마을로 와요

한편, 중국 북서쪽 알타이 산맥에서 양을 치며 사는 가정의 아이들은 가장 가까운 학교에 가려고 해도 며칠 동안 걸어가야 해요. 그래서 선생님이 아이들을 만나러 와요.

날씨가 좋을 때는 야외

에서 수업을 하고, 그렇지 않을 때는 천막 안에서 수업을 해요. 아이들은 최대한 집중해서 수업을 들어요. 한 달에 겨우 몇 시간만 수업을 들을 수 있으니까요.

마사지 시간이 좋아요

오전 9시 30분에 쉬는 시간 종이 울리면 호아는 친구들과 고무줄놀이나 줄넘기, 훌라후프를 하면서 놀아요. 남자아이들은 농구나 탁구, 구슬치기하는 걸 좋아해요. 오전 11시쯤 마사지 시간이 있어요. 이 시간에는 목과 얼굴을 마사지해요. 호아는 이 시간을 좋아해요. 마사지를 하고 나면 온몸의 긴장이 풀리고 눈도 상쾌해져서 오후 수업을 더 잘 들을 수 있거든요.

수업은 오후 4시가 넘어서 끝나요. 교실을 정리하고 나면, 많은 학생들이 공부를 하거나 숙제를 하기 위해서 교실에 남아요. 몇몇 아이들은 장기를 두거나 색종이를 접는 등의 방과후 활동을 해요. 하지만 호아는 곧장 집으로 가요. 집에 가려면 또다시 1시간을 걸어서 가야 하니까요.

맛있는 점심시간!

볶음밥

볶음밥은 중국 사람들이 간단하게 먹는 음식으로 인기가 있어요. 중국식 볶음밥은 밥에 채소나 고기 등을 넣고 높은 온도에 빠르게 볶는 것이 특징이에요.

학교에서 무슨 놀이를 할까?

제기차기

2천 년의 역사를 가진 중국의 민속놀이로, 제기를 발로 차는 놀이예요.

※ 놀이 방법

1. 배드민턴 공처럼 생긴 제기만 있으면 혼자서 놀 수도 있고, 여럿이 편을 짜서 놀 수도 있다.

2. 우리나라의 제기차기와 비슷하며 발과 무릎으로 제기를 툭툭 쳐서 위로 튀어 오르게 한다.

3. 양발을 번갈아 가며 차기도 한다. 발 안쪽을 사용해도 되고, 바깥쪽으로 차도 된다. 무릎이나 발끝으로 차도 된다.

4. 제기를 땅에 떨어뜨리지 않고 오래 차는 사람이 이기지만 멋진 묘기를 부리면서 차야 한다.

| 사진 출처 |

＊ 위키피디아(Wikipedia)
15(Israel Neve Shalom school and rainbow), 16(Teachers of Hand in Hand), 22(Apartheid), 24(Polish primary school and grammar school), 26(red apple, ruben sandwich), 27(Koeksisters), 32(Muslims praying towards Mecca), 33(Hammam essalhine khenchela), 36(Couscous of Fes), 37(Kabylie Cimes), 41(Kenya classroom), 44(Ugali and cabbage), 49(Inukshuk Monterrey), 53(taco), 56(Young Afghan girls Aliabad school), 61(Kite shop in Lucknow), 67(School uniforms GBR), 71(Egg sandwich), 80(Harmony Day australia), 88(Homeschooling), 93(School in Bolivia), 96(Salar de Uyuni), 96(Child labor in Bolivia Shoe-Shine Boy), 103(Roma flag), 110(Shiva as the Lord of Dance LACMA edit), 111(Education in India), 112(Flag of UNICEF), 114(SavithaPress1-india), 115(Naan shiva, Homemade chicken tikka masala), 123(McD-Classic-Grilled-Chicken-Sand), 127(School uniforms in China)

＊ 위키하우(Wikihow)
131(Make Fried Rice Step 9 Version 2)

＊ All-free-download.com / 개인
10(lesotho africa boys), 28(girl child student), 62(joy to paint children), 122(little league baseball batter-up) / 86(디제리두-배혜진)

＊ 연합포토
18(MIDEAST PALESTINIAN TENT SCHOOL)

＊ iStockphoto
Cover(Group of happy Indian children), 77(Sami Girl in Lapland), 106(chinese school children)